標準アラビア語対照

モロッコ・アラビア語

会話と文法

石原　忠佳　著

東京　**大学書林**　発行

アジア・アフリカ言語叢刊

モロッコ・アラビア語

文法と語彙

石原 忠佳 著

大学書林

プロローグ

　「モロッコで話されている言葉は？」という単刀直入な問いかけに対し，多くの人は「アラビア語」と答えるであろうし，また多少なりともこの地域の事情に通じている諸氏からは「アラビア語モロッコ方言」，「フランス語」あるいは「ベルベル語」という返答が期待できよう。しかしながら，ベルベル語自体が決して統一された言語ではなく，三つのバリアントを有するため，互いの地域間で言語的コミュニケーションが極めて困難なこと，他方アラビア語モロッコ方言がもつ言語学的特徴が，いったいどのようなものであるかを系統だてて言明できる人はそれほど多くないはずである。

　さて方言を定義する際に，「ある言語が呈する変種的側面の一つ」という通念を念頭におくなら，アラビア語を理解する人はアラビア語モロッコ方言をなんとか解せることになる。答えは否である。というのは，確かにモロッコ方言は日常生活に使用され，すべてのモロッコ人に理解される言葉であるが，標準アラビア語（Standard Arabic）とは音韻面，文法面，語彙面にわたって大きな隔たりがあるため，他の地域のアラブ人にとっては（特にエジプトから東にかけての東方アラブ圏）かなり聴取し難い言語といわれる。ところで話は少々飛躍するが，スペイン人とポルトガル人がコミュニケーションを計ろうとする際，お互いが各自の言語でまくしたてたとしても理解にほとんど支障はないであろう。にもかかわらず，スペイン語とポルトガル語は，今日歴然とした二つの言語である。両者を

「ラテン語地中海沿岸方言」などと命名する人は皆無である。

ところがモロッコ人が他のアラブ人とコミュニケーションをとろうとする際には，いち早くアラビア語以外の外国語にアクセスするはずである。教育を修めたインテリ階級をのぞき，多くのモロッコ人は標準アラビア語を話すことができないのが現状である。旧保護領であった頃の耳から聞き覚えたフランス語やスペイン語はほぼ自由に駆使することができるが，アラビア語のほうはどうも………，というモロッコ人に現地で出くわすことも珍しくない。標準アラビア語は彼らにとっていわば一つの外国語のようなもので，歴とした学習が必要だからである。反対に，例えば標準アラビア語を習得し，アラビア語エジプト方言などでの会話に不自由を覚えない欧米の研究者が，あらかじめモロッコ口語に対する認識が不足だったため，内陸部の住民との伝達手段を欠いてしまったなどという報告は枚挙にいとまがない。

こうしたことから，標準アラビア語からみたモロッコ口語は，現実は一つの外国語としての地位を立派に確立しているとは言えまいか。もちろんこうした見解は，政治的観点からはおのずと異なってくる。モロッコの言葉をアラビア語の一方言としてとどめておきたいのはモロッコ中央政府，いやアラブ諸国各国の共通した立場である。仮にモロッコ口語をその文法上，あるいは語彙的散発性から判断して一つの言語として認め，これを公に知らしめることになれば，ナショナリズムやアイデンティティーの問題がからみ，政治上収拾がつかなくなるのは必至だからである。さらにモロッコ口語が独自の文字をもたないこともてつだって，このような認識はただの一度

も表面化することはなかった。が，筆者はモロッコ口語をアラビア語の一方言としてではなく，言語的立場から歴とした一言語として取り上げたいと長年考えてきた。モロッコ口語の語彙の大部分がもとを辿れば，古典アラビア語から派生していようが，あるいはベルベル語の影響を被っていようが，同胞の他の地域のアラブ人に理解されないような言葉は，方言という枠組みを越えて，新たに一つの言語として体系づけられるべきではないだろうか。

とはいうものの，独自の文字をもたず，フランス語やスペイン語が話し言葉に多く取り入れられたモロッコ口語を，テキストに表出するのは決して容易な作業ではない。いかなる表記体系に基づいて話し言葉を再現するか，という根本問題をまずクリアーしなければならないからである。とりわけ，子音の羅列に特徴づけられるモロッコ口語の表記は，今日まで多くのアラビア語研究者が用いてきたものでは決して十分ではなく，特に従来の母音表記法では，モロッコ口語を紙面上に正確に反映できないという問題が残った。

こうした折，アラビア語方言学の第一人者 F. Corriente 博士やマドリード・コンプルテンセ大学の J. Aguadé 氏と数回にわたる交流を重ね，今日彼らが使用するアラビア語方言の表記法こそ，もっとも理にかなったものであることを認識することができた。本書の表記法が，こうした表記法のノウハウにそのまま基づかせていただいたことからも，両氏には大変お世話になった。またモロッコ・フェズ大学の M. Amrani 教授，アガディール大学アラビア語学科の F. Abdeslam 教授とは，1996年と97年の夏にかけてタンジェールで開催された講習会の折，寝食を共にしてモロッコ口語バリアントに

関する多くの貴重な報告を伺った。さらに本書では，標準アラビア語や他の地域のアラビア語口語をすでに習得した諸兄にも，実用レベルでモロッコ口語に親しんでいただこうとの意向から，それぞれの文に対応するであろう標準アラビア語の表現を併せて記述してみた。本邦においてこうした趣旨を理解された大学書林の佐藤政人代表からは，拙書を世にとどめおくことに快い御賛同をいただけた。また（株）ロガータの滝澤慶子さんは，従来の古典アラビア語（Classical Arabic）とは異なるモロッコ文字の打ち出しという厄介な作業をはじめ，表作りの際の度重なる訂正にも快く応じてくださった。さらに（株）巧芸創作のスタッフの方々には，録音やテープスピードの調整の過程で再度修正をお願いしなければならなかった。この場をかりて関係諸氏に甚大なる感謝の意を表するとともに，今後口語アラビア語への関心が，我が国でもよりいっそう高まることを，切に願う次第である。

　なお，最終的な見直しの段階では万全を期したつもりであるが，特に表記上の不備，不明な点，【文法】などの項で説明不足の箇所があればできる限り質問にお答えしたい。読者諸兄のご指摘をいただければ幸いである。

2000年　盛夏

著 者

本書の構成と特色

本書は今日モロッコで使われているアラビア語口語の学習を始める方々が，その理解を深め，その文法知識を実際の会話の中でどのように応用するかを示した入門書である。

それゆえ各課では，日常生活の様々な場面を想定したモロッコ口語の例文をまず取り上げ，その日本語訳をつけるという順序にしたがった。例文は，できるだけ A, B … A, B といった二者による会話形式に沿って，質問に対し聞き手が即座に口頭で返答できる能力を養うことをめざした。

また，それぞれの例文に対応する標準アラビア語を併せて記したのは，他の地域のアラビア語をすでに習得された方々に，その比較対照を通して，モロッコ口語の特質を手際よく把握していただきたかったからである。特に各課に設けた〖文法ワンポイント〗の項では，まず【文法】の項で取りあげた事柄を再度確認し，次に本文に登場した語句を引用することで，古典アラビア語とモロッコ口語の類似点や相違点に触れた。語源的には同一の語彙が，今日では両者でその意味が大きくかけ離れてしまったものがあることが御理解いただけよう。

また各課の最後に整理した単語は，筆者が現地で実際に耳にしたり使用したりした構文から抜粋したもので，どの課においてもこれらの基本単語を繰り返し登場させることにより，学習者が自然のうちに身のまわりの言葉に慣れ親しめるようにした。カッコの中には

動詞の場合にはその未完了形、また名詞はそれぞれの語彙の複数形を記したが、bāb(bībān)「ドアー」の例にみられるように、古典アラビア語とはその形態が異なる複数形が数多くあることに留意されたい。いっぽう男性形、女性形の区別、類義語などの強調の際には、スラッシュ記号 / を用いた語彙もある。さらに巻末には日本語索引の項を設け、対応するモロッコ・アラビア語の単語が日本語から検索できるよう、本書で取り上げたページを記した。スペースの関係で各課の単語の項では併記することのできなかった複数形も含め、本書に登場する単語はすべて単数とその複数を示した。現地ですぐに役立つミニ単語帳としても大いに活用されることを願ってやまない。

なお、モロッコ口語に関連する数少ない参考文献で、近年までに出版された主なものを紹介しておく。

〔文法〕

Caubet Dominique: *"L'Arabe Morocain, tome I & II"*, Editions Peeters, Paris-Louvain, 1993.

Djebli Moktar: *"Méthode d'arabe maghrébin moderne, vol I & II"*, Editions L'Harmattan, Paris, 1988.

Lamzoudi: *"Guide de Conversation français-arabe marocain"*, Editions el-Atlassi, 1989.

Ben Smail M.: *"Méthode pratique d'Arabe Parlé Marocain à l'usage des Débutants"*, Beyrouth, 1932.

Abdel-Massih Ernest T.: *"A course in Moroccan Arabic"*, The University of Michigan, Ann Arbor, 1982.

Abdel-Massih Ernest T.: *"Advanced Moroccan Arabic"*, The University of Michigan, Ann Arbor, 1974.

Harrell Richard S.: *"A Basic Course in Moroccan Arabic"*, Georgetown University, USA., 1965.

Harrell Richard S.: *"A Short Reference Grammar of Moroccan Arabic"*, Georgetown University, USA., 1962.

Bacon Dan: *"Moroccan Arabic Phrasebook"*, Lonery Planet Publications, Australia, 1991.

〔辞書〕

Prémare, A. L.: *"Dictionnaire arabe-français, vols. 1-12"*, Editions L'Harmattan, Paris, 1993-94.

Mercier Henry: *"Dictionnaire arabe-français"*, Rabat 1951.

Harrell Richard S.: *"A dictionary of Moroccan Arabic: Moroccan-English"*, Georgetown University, USA., 1966.

Harrell Richard S. & Sobleman H.: *"A dictionary of Moroccan Arabic: English-Moroccan"*, Georgetown University, USA., 1963.

カセットテープ（別売）の活用

　多くの母音消失をともなうモロッコ口語の正確な発音を忠実に再現することは，外国人は言うまでもなく，アラビア語を母国語とするアラブ諸国の人々にとってさえ，極めて難解な試みである。したがって，本書におけるテキストの録音も，学習者に早くその発音に慣れていただきたいとの主旨から，なるべく多くのインフォーマントの発音を収録するのが当初の目標であった。しかしながら，想像以上のモロッコ口語のバリアントの多様性に直面し，こうした意向は断念せざるを得なかった。結局のところは，モロッコ口語特有の地域格差や言語水準の問題を考慮して，吹き込みは首都ラバト出身のサイード・カスミー氏一人にお願いした。さらに収録後，何人かのモロッコ人の友人に再度録音チェックを依頼し意見を求めたところ，氏のリズミカルでスピーディーな発音が，標準モロッコ口語と呼ぶにふさわしいものであることをあらためて認識することができた。文を読む速度に関して，学習者の方々は当初は速すぎる印象をもたれるかもしれないが，これが日常会話の極めて自然な流れである以上，辛抱強く練習されるよう願ってやまない。なお，テープにおいては，対応するページと日本語のタイトルに引き続き，各課をモロッコ口語ではどのように呼ぶかを録音した。標準アラビア語での呼び方と若干の相違があるからである。

目　次

プロローグ i
本書の構成と特色 v

モロッコ口語の地理的分布 1
モロッコ口語の発音 3
第1課　発音練習 7
　　　　定冠詞について
第2課　形容詞の一致・複数形 10
　　　　男性形容詞と女性形容詞
　　　　規則複数
　　　　女性名詞の規則複数形
　　　　不規則複数形
第3課　疑問文・否定文 14
　　　　主語人称代名詞
第4課　指示形容詞・指示代名詞・所有の表現 18
　　　　前置詞：dyāl, d(də), 'la, l(lə)
　　　　接尾代名詞
　　　　不規則変化をもつ形容詞
第5課　場所をたずねる疑問副詞・時刻の表現 27
　　　　数詞の用法：2から10まで
　　　　前置詞：m'a, f(fə)

第6課　所有の表現 ……………………………………………… 34
　　　　数詞の用法：11から19まで
　　　　前置詞：'ənd
　　　　数量を問う表現（数えられるもの）
第7課　比較級・最上級 ………………………………………… 40
　　　　数詞の用法：20から99まで
第8課　存在を表す表現 ………………………………………… 46
　　　　数詞の用法：100以上の数
第9課　数量の表現 ……………………………………………… 51
　　　　漠然とした量を問う表現
　　　　否定文：ma..........š
第10課　過去動詞（$C_1C_2əC_3$ 型）……………………………… 55
　　　　疑問代名詞：škūn
　　　　時の疑問副詞：fūq-āš
　　　　規則動詞
　　　　曜日の表現
第11課　過去動詞（kān）：「～にいた」・「もっていた」 ………… 60
　　　　存在と場所を示す過去動詞：kān
　　　　過去における所有の概念
　　　　理由を問う疑問副詞：'lāš
　　　　前置詞と疑問代名詞の組み合わせ
第12課　過去動詞（$C_1āC_2$ 型）・補語人称代名詞 ……………… 65
　　　　不規則動詞 $C_1āC_2$ 型（くぼみ動詞）
　　　　補語人称代名詞（動詞と接尾代名詞の組み合わせ）

前置詞 f(fə) の特殊用法
第13課　過去動詞（C_1C_2a 型・C_1a 型）…………………………… 71
現在分詞の形態
第14課　過去動詞（$C_1əC_2C_2$ 型・$C_1əC_2C_2a$ 型）…………………… 78
第15課　過去動詞（$C_1vC_2C_2vC_3$ 型）…………………………… 83
近接過去の表現
過去分詞の形態
第16課　現在動詞（規則的なもの）…………………………… 90
主語人称代名詞の強調用法
第17課　現在動詞（不規則なもの）…………………………… 97
四語根動詞
第18課　願望の表現Ｉ：「～したい」・「～がほしい」
目的を表す副詞句：「～のために」…………………………108
第19課　命令文 ………………………………………………… 114
肯定命令
否定命令
第20課　義務，必要性の表現・可能の表現：
「～する必要がある」・「～できる」……………………… 120
時を表す副詞節
逆接を導く接続詞：wāxxa
第21課　動詞の未来形：「～しよう」・「～するだろう」………… 127
ġād の助動詞的用法
第22課　現在完了の概念：
「もう～した」・「まだ～していない」……………………… 132

　　　　　　「かつて〜したことがある」
　　　　　　「まだ〜したことがない」
　　　　　　「もう既に〜した」
　　　　　　「今〜したばかりだ」
　　　　　　「まだ〜していない」
　　　　　　「〜しましたか，それともまだですか」
第23課　過去進行形と過去の習慣
　　　　　　「〜していた」・「〜したものだった」 137
第24課　他律化構文・関係代名詞の用法 143
第25課　願望の表現Ⅱ：「〜する気がない」・
　　　　　物事のやりとりの決まり文句 149
第26課　時刻の経過・動作の継続：「〜して〜になる」 153
第27課　仮定の表現：「もし〜なら」・
　　　　　関係代名詞の省略と不定名詞 157
第28課　目的格補語・知覚動詞と情報の動詞 163
　　　　　関係代名詞 ma の用法
第29課　他動詞の自動詞化・受身と相互 169
第30課　動詞の派生形：接中辞と接頭辞・過去分詞の形態 174
第31課　総復習Ⅰ 181
第32課　総復習Ⅱ 185

日本語索引 189

モロッコ口語の地理的分布

　モロッコ口語が他のアラビア語方言と比べ，きわだった特異性を呈することはプロローグで既に述べたが，モロッコ国内で話されているモロッコ口語自体にかなりのバリアントがみられる。大まかな区分けを施すなら，タンジェール (Tanger)，テトゥアン (Tetuan) を中心として東はターザ (Taza) に至る北部方言，次にターザより東方の地域，北はメリーリャ (Melilla) からウジダ (Ujda) を中心としてアルジェリア国境までに広がる東部方言，カサブランカ (Casablanca)，ラバト (Rabat) の沿岸地域からフェズ (Fez) 方面，マラーケシュ (Marrakech) 北部に至る地域で広く使用される中部方言，そしてマラーケシュ南部からウェルザザート (Ouarzazate) を包含してさらに南に広がり，ハサニア語の影響を受けた南部方言である。これら四つの方言間の相違は極めて少なく，どこか一つの方言を使いこなす現地人はモロッコ国内のアラビア語使用地域でコミュニケーションに支障をきたすことはほとんど無い。

　従来文字をもたないモロッコ口語を表記すること自体かなりの労苦を伴うことを覚悟してはいたが，これらの細分化方言のどれをもってモロッコ口語として表記するかという問題には，かなり慎重を期さなければならなかった。結局，本書では，首都ラバトおよびカサブランカ周辺で使用される中部方言を規範とした文法・会話集を編集することにした。というのは，ベルベル語や外国語の影響が最も少ないのがこの沿岸地域を中心とした中部方言だからである。

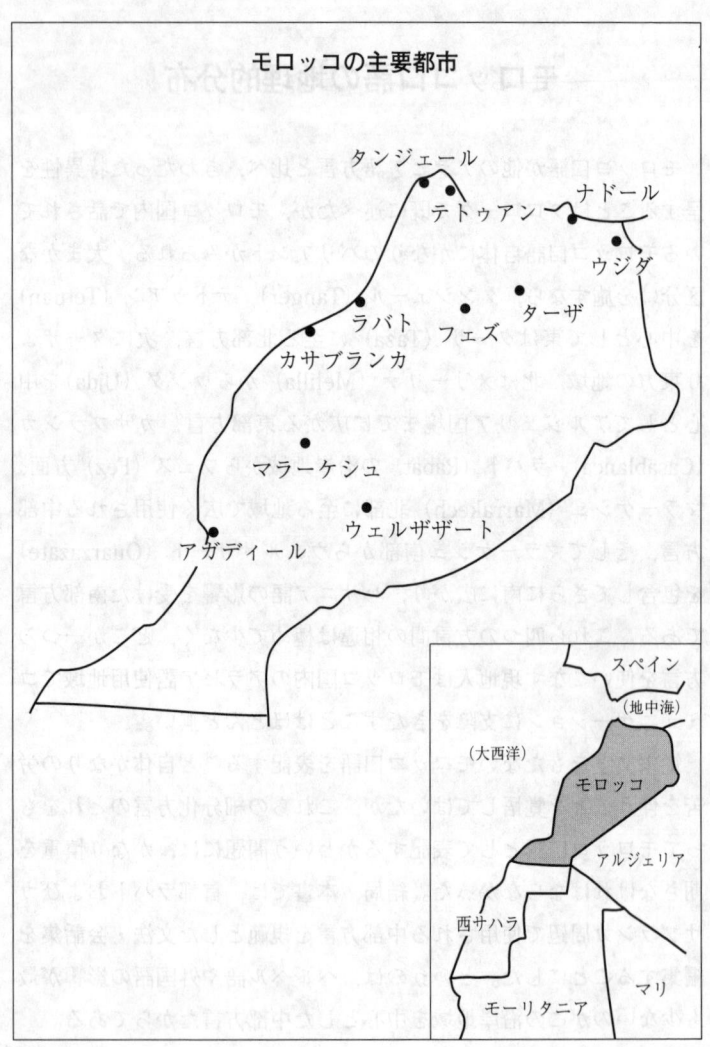

モロッコ口語の発音

1) 母音

　単母音は/ə/, /i/, /u/また長母音は/ā/, /ī/, /ū/がある。すべての長母音は語末で単母音化する傾向がある。

　/ə/は音素的には [ĕ] や [ă] を含む。従って [ktĕb] は/ktəb/, また [ʼămm] は/ʼəmm/と表記される。/ə/の発音は従来ベルベル語に起源をもち, もともとは子音連続を発音しやすくするために割り込んでくる補助母音的性格を備えていた。とりわけ子音の三連続を避けるために/ə/がしばしば挿入されるが, その挿入規則は語彙によってまちまちで一定したものではない。

　また二重母音の一般的傾向は, /ə/+/y/=/ī/, /ə/+/w/=/ū/である。

2) 子音

　子音は全体で31, その中に8つの強勢音がある。古典アラビア語特有の/ṭ/, /ḍ/, /ṣ/, /ẓ/に加えて, モロッコ口語では/ḅ/, /ṃ/, /ḷ/, /ṛ/なども強勢音として現れる。これらの強勢音は音声学的には, 咽頭化した音韻（pharyngalization）としてとらえることができる。さらにモロッコ口語の特徴として, 本来アラビア語では強勢音とならない子音も, 語中の他の強勢音との接触で強勢音化する。地方によっては隣接音との接触に

より，[f]，[n] なども咽頭音化されることもあるが，本書では音韻上の表記はさける。なお，子音全般の唇音化がモロッコ南部方言の特徴であるのに対し，テトゥアン周辺の北部方言の特徴は，/t/の破擦音化に代表される（> [ts]）。

唇音
- /b/　　有声両唇破裂音
- /ḅ/　　咽頭化した有声両唇破裂音
- /m/　　両唇鼻音
- /ṃ/　　咽頭化した両唇鼻音
- /f/　　無声唇歯摩擦音
- /w/　　半母音

歯音
- /t/　　無声破裂音(破擦音化)
- /ṭ/　　咽頭化した無声破裂音
- /d/　　有声破裂音
- /ḍ/　　咽頭化した有声破裂音
- /n/　　流鼻音
- /l/　　側音
- /ḷ/　　咽頭化した側音
- /r/　　振音
- /ṛ/　　咽頭化した振音

歯茎音
- /s/　　無声歯擦摩擦音
- /ṣ/　　咽頭化した無声歯擦摩擦音
- /z/　　有声歯擦摩擦音
- /ẓ/　　咽頭化した有声歯擦摩擦音

前硬口蓋音
- /š/　　無声歯擦摩擦音
- /ž/　　有声歯擦摩擦音（従来のアラビア語に存在する有声破擦音/j/は，モロッコ口語では/ž/に移行した）

硬口蓋音
- /y/　　半母音

後硬口蓋音
- /k/　　無声破裂音
- /g/　　有声破裂音

軟口蓋音
- /q/　　無声破裂音
- /x/　　無声摩擦音
- /ġ/　　有声摩擦音

咽頭音
- /ḥ/　　無声摩擦音
- /'/　　有声摩擦音

声門音
/'/ 　　　無声破裂音（モロッコ口語本来の音ではなく，古典アラビア語からの借用）
/h/ 　　　無声摩擦音（時には有声化する）

第 1 課 ḍ-dərṣ lūwwəl
発音練習

1	バス	kar	l-kar
2	部屋	bīt	l-bīt
3	時計	māgāna	l-māgāna
4	袋	xənša	l-xənša
5	パン	xubz	l-xubz
6	本	ktāb	lə-ktāb
7	午後	'šīya	lə-'šīya
8	衣服	ḥwāyəž	lə-ḥwāyəž
9	女	mṛa	lə-mṛa
10	手紙	bṛa	lə-bṛa
11	男	ṛāžəl	ṛ-ṛāžəl
12	窓	šəṛžəm	š-šəṛžəm
13	テーブル	ṭəbḷa	ṭ-ṭəbḷa
14	家	ḍāṛ	ḍ-ḍāṛ
15	椅子	šəlya	š-šəlya

1　حافلة / الحافلة

2　غرفة / الغرفة

3　ساعة / الساعة

4　كيس / الكيس

5　خبز / الخبز

6　كتاب / الكتاب

7　مساء / المساء

8　ملابس / الملابس

9　إمرأة / الإمرأة

10　رسالة / الرسالة

11　رجل / الرجل

12　نافذة / النافذة

13　مائدة / المائدة

14　دار / الدار

15　كرسي / الكرسي

【文法】 定冠詞について

名詞または形容詞の前におかれる定冠詞は通常/l-/であるが，後続名詞が連続子音で始まる場合は三重母音を避ける手段として

/lə-/とする。また子音, d, ḍ, r, ṛ, s, ṣ, š, z, ẓ, ž, n で始まる名詞は同化現象をともない子音の重複で対応する

〚**文法ワンポイント**〛

○ d, ḍ, r, ṛ, s, ṣ, š, z, ẓ, n は古典アラビア語で太陽文字と呼ばれ常に同化現象をともなうが、モロッコ口語では ž も子音重複の対象となる

○ この課で取り上げた語彙は、そのほとんどがモロッコ口語特有の語彙であり、意味上アラビア語本来の第一義とは若干異なって用いられているものがある。例えば bīt は古典アラビア語の bait「家」の意味にはならず,「部屋」、また ḥāja「物事」の複数から派生した ḥwāyəž は「衣類」の意味に用いられる

○ kar にかわって「バス」の意に ṭubis を用いることもある

○ mṛa「女」には「妻」の意もある

○ bṛa「手紙」は古代スペイン語源＜《albarán》「伝票」

○ šəṛžəm はペルシア語源

○ šəlya を「椅子」の意味で用いるのは現代スペイン語《silla》からの転用

第 2 課　ḍ-ḍərṣ tāni
形容詞の一致・複数形

1　l-bīt kbīr / l-byūt kbār
2　l-māgāna mhərrəsa / l-mwāgan mhərrəsīn
3　l-bāb məḥlūl / l-bībān məḥlūlīn
4　š-šəržəm məsdūd / š-šṛāžəm məsdūdīn
5　ṛ-ṛāžəl məzyān / ṛ-ržāl məzyānīn
6　l-xənša nqīyya / lə-xnāši nqīyyīn
7　l-wəld ʿəgzān / lə-wlād ʿəgzānīn
8　l-bənt məšġūla / lə-bnāt məšġūlīn
9　z-zīt u-l-xubz məzyānīn
10　ṭ-ṭəbla u-š-šəlya mwəssxīn

1　その部屋は大きい／それらの部屋は大きい
2　その時計はこわれている／それらの時計はこわれている
3　そのドアーはあいている／それらのドアーはあいている
4　その窓は閉まっている／それらの窓は閉まっている
5　その男は善良である／それらの男は善良である
6　その袋は清潔だ／それらの袋は清潔だ

7 その男の子は怠け者だ／それらの男の子は怠け者だ
8 その女の子は忙しい／それらの女の子は忙しい
9 その油とパンは良質だ
10 その机と椅子は汚い

---

1 الغرفة كبيرة. / الغُرَف كبيرة.

2 الساعة مكسرة. / الساعات مكسرة.

3 الباب مفتوح. / الأبواب مفتوحة.

4 النافذة مغلوقة. / النوافذ مغلوقة.

5 الرجل جيِّد. / الرجال جيِّدون.

6 الكيس نظيف. / الأكياس نظيفة.

7 الولد كسلان. / الأَولاد كُسالَى.

8 البنت مشغولة. / البنات مشغولات.

9 الزيت والخبز ممتازان.

10 المائدة والكرسي وسخان.

【文法】
1) モロッコ語口語では古典アラビア語同様，つなぎ動詞（英語のbe動詞）は存在しない
2) 女性形容詞は通常，男性形容詞の語尾に/-a/を添加する

3) 規則複数をもつ名詞や形容詞は、それぞれの男性形に/-īn/を添加することで得られる
4) 女性名詞の規則複数形は、語尾/-a/を/-āt/とすることで得られる

〖文法ワンポイント〗
○ 古典アラビア語とは異なり、無生物に言及する名詞の複数形は文法上女性単数形として扱われない
○ 不規則複数形において bībān のように古典アラビア語とは形態の異なるものもある
○ məsdūd の /s/ はモロッコ北部では /š/ と発音され məšdūd となる
○ 本文8の lə-bnāt məšġūlīn はしばしば女性形容詞を用いて lə-bnāt məšġūlāt となる
○ 接続詞 /u/ は「子音＋母音」の組み合わせの前で半子音 /w/ となる
○ mhərrəsa, məḥlūl, məsdūd, məšġūl などは形態的には過去分詞（第15課【文法】参照）

単語

bīt(byūt)	部屋	məḥlūl	開かれた
kbīr(kbār)	大きい	šəṛžəm(šṛāžəm)	窓
māgāna(mwāgan)	時計	məsdūd	閉った/閉じた
mhərrəs/mhərrəsa	こわれた	ṛāžəl(ṛžāl)	男
bāb(bībān)	ドアー	məzyān	よい

xənša (xnāši)	袋	zīt	油
nqi	清潔な	xubz	パン
wəld (wlād)	少年/男の子	u/w	そして
ʿəgzān	怠惰な	ṭəbḷa (ṭbāḷi)/(ṭwābəl)	テーブル
bənt (bnāt)	少女/女の子	šəlya	椅子
məšġūl	忙しい	mwəssəx	汚い

第3課 d-ḍərṣ tlāta
疑問文・否定文

1 ṣbāḥ l-xīr a lālla, āš xbārək?
2 la bās l-ḥəmdu l-ḷḷāh. wāš l-bənt mən ž-žappon?
3 iyyəh hiyya žapponīyya. wāš nti məṣṛīyya?
4 la, āna māši məṣṛīyya, āna məġribīyya. wāš nta fəṛḥān dāba?
5 iyyəh āna fəṛḥān bəzzāf, 'la qībāl l-ḥāl məzyān l-yūm. wāš ntūma məšġūlīn dāba?
6 iyyəh ḥna məšġūlīn šwiyya w kullna 'əyyānīn bəzzāf

---

1 おはようございます，奥さんお元気ですか
2 まずまずですよ，おかげさまで，その女の子は日本からいらしたのですか
3 はい，（彼女は）日本人です，あなたはエジプトの方ですか
4 いいえ，エジプト人ではありません，モロッコ人です，あなたは今嬉しいですか
5 はい，大変嬉しいです，今日は天気がよいものですから，あなたがたは今忙しいですか

6 はい，少しばかり忙しくて，皆大変疲れています

---

1 صباح الخير يا سيّدتي، كيف حالك؟
2 أنا بخير والحمد للّه. هل البنتَ من اليابان؟
3 نعم، هي يابانيّة. هل أنتِ مصريّة؟
4 لا، أنا لستُ مصريةً، أنا مغربيّة. هل أنتَ مسرُورُ الآن؟
5 نعم، أنا مسرور جدًّا لأنّ الطقس جميل اليوم. وهل أنتم مشغولون الآن؟
6 نعم، نحن مشغولون قليلا ونحن مُتُعَبون كثيرًا.

【文法】

1) 主語人称代名詞

	単数形	複数形
三人称	彼　　huwwa 彼女　hiyya	彼ら 彼女たち　hūma
二人称	あなた　nta（男） 　　　　nti（女）	あなたがた　ntūma
一人称	私　　āna	我々　ḥna

2) 疑問文を導く副詞には wāš を用い，その問に対する肯定の副

詞が iyyəh また否定の副詞が la である
3）国籍を表す形容詞の男性形語尾 /-i/ を /-īyya/ とすることで女性形の形容詞となる
4）属詞（補語）の前に māsi をおくことで否定文となる

〖文法ワンポイント〗

○ āš ＜ 'ayyu šay' in（古典アラビア語）の短縮形
○ la bās「悪いことはない」，この表現は質問としても用いられる： la bās?「調子はいかがですか」
○ 前置詞 mən は定冠詞 /l-/ の前では mnə となる
○ 理由を示す前置詞句 ʻla qībāl はモロッコ北部で頻繁に用いられるが，南部では ʻla ḥəqqāš が一般的
○ ʻəyyān は東方アラブ圏のように「病気」の意味には用いず，モロッコでは古典アラビア語から派生した mrīḍ がそのまま「病気」の意味となる
○ 人称代名詞二人称の形態に北部では nta / nti に代わって ntīna を使用することがあり，さらに破擦音化が顕著である： [ntsa] / [ntsi] / [ntsīna]

単語

ṣbāḥ	朝	lālla	婦人
xīr	よい	mən/mnə	～から
a	《人間に対する呼びかけの間投詞》	žappon	日本
		hiyya	彼女

nta/nti	あなた《男/女》	bəzzāf	非常に/たいへん
məṣri/məṣrīyya	エジプト人《男/女》	'la qībāl	なぜならば
		ḥāl	天気/天候
məġribi/məġribīyya	モロッコ人《男/女》	l-yūm	今日
		ntūma	あなたがた
farḥān	嬉しい	šwiyya	少し
dāba	今	kullna	我々すべて
āna	私	'əyyān	疲れている

第 4 課 d-dərṣ rəbʻa
指示形容詞・指示代名詞・所有の表現

1 wāš hād l-bīt ṣġīṛ ʻlīk?

2 iyyəh, hād l-bīt ṣġīṛ ʻlīya

3 hād l-wəld mṛīḍ w hād l-bənt ḥətta hiyya mṛīḍa, hūma kullḥum mṛāḍ

4 wāš dīk ẓ-ẓəṛbiyya ždīda?

5 la, dīk ẓ-ẓəṛbiyya māši ždīda, hādīk bālya bəzzāf

6 wāš dūk n-nās məzyānīn?

7 iyyəh, hādūk məzyānīn

8 hād š-šəlya l-biḍa dyālək?

9 la, hādi māši dyāli, hādi dyālhum

10 wāš hād d-drāri w dāk lə-bnāt mwəssxīn?

11 iyyəh, hādu mwəssxīn dīma

12 wāš hād l-kīsān l-ʻāmṛīn dyālha?

13 la, hād l-kīsān l-ʻāmṛīn māši dyālha, hādu dyālu

14 lə-bṛa də-l-bənt ṭwīla, bə-l-ḥəqq lə-bṛa də-l-wəld qṣīṛa

15 wāš hāda līyya?

— 18 —

16 iyyəh, hāda līk

17 bārāka ḷḷāh fīk

18 bla žmīl

---

1 この部屋はあなたには小さいですか
2 はい，この部屋は私には小さいです
3 この少年は病気で，この少女もまた病気です，彼らは皆病気です
4 あのジュータンは新しいですか
5 いいえ，あのジュータンは新しくはありません，大変古いです
6 あの人たちはよい人ですか
7 はい，よい人たちです
8 この白い椅子はあなたのですか
9 いいえ，これは私のではありません，彼らのです
10 この男の子たちや女の子たちは汚らしいですか
11 はい，いつも汚らしいです
12 （水などの液体が）いっぱいになったこのコップは彼女のものですか
13 いいえ，彼女のではありません，彼のものです
14 その少女の手紙は長いが，その少年の手紙は短い
15 これは私のですか
16 はい，これはあなたにです
17 ありがとうございます

1. هل هذه الغرفة صغيرة بالنسبة إليك؟
2. نعم، هذه الغرفة صغيرة.
3. هذا الولد مريضٌ وهذه البنت مريضةٌ كذلك وهم مَرْضَى جميعًا.
4. هل تلك السجّادة جديدة؟
5. لا، تلك السجّادة ليستْ جديدةً ولكنّها بالِيَةٌ جدًّا.
6. هل أولائك الناس طيّبون؟
7. نعم، إنّهم طيّبون.
8. هل هذا الكرسي الأبيض، هو لك؟
9. لا، إنّه ليس لي، إنّه لهم.
10. هل هَؤُلاءِ الأولاد وأُولائك البنات مُتَّسِخون؟
11. نعم، إنّهم متَّسِخون دائمًا.
12. هل هذه الكؤوس المملوئة في مِلْكها؟
13. لا، إنّ هذه الكؤوس المملوئة ليستْ لها بل هي له.
14. رسالة البنت طويلة بينما رسالة الولد قصيرة.
15. هل هذا لي؟
16. نعم، إنّه لك.

17　بَارَكَ اللّه فيك!

18　العَفْوُ فلْيُبارِكك اللّه.

【文法】

1）所有の概念は次の三つの手段によって表される［名詞の並列による所有の概念に関しては【文法ワンポイント】参照］

a）　前置詞 dyāl に接尾代名詞を添加する

単数形		複数形	
彼の	dyālu	彼ら(彼女たち)の	dyālhum
彼女の	dyālha		
あなたの	dyālək	あなたがたの	dyālkum
私の	dyāli	我々の	dyālna

b）　前置詞 d(də) を名詞間に挿入する。この場合前方の名詞も定冠詞をとる
lə-ktāb　də-l-wəld「その少年の本」

c）　名詞に接尾代名詞を直接添加する。これは主に家庭間の家族関係を表す名詞に用いられる。なお，umm（母）における/m/は接尾代名詞の添加の際，咽頭化をともない [m̥] に移行する

単数形		複数形	
彼の母	ṃṃu	彼ら(彼女たち)の母	ṃṃhum
彼女の母	ṃṃha		
あなたの母	ṃṃək	あなたがたの母	ṃṃkum
私の母	ṃṃi	我々の母	ṃṃna

2) モロッコ口語は古典アラビア語とは異なり，指示形容詞と指示代名詞の形態が同一ではない

指示形容詞			指示代名詞		
	男	女		男	女
この	hād		これ	hāda	hādi
これらの			これら	hādu	
その	dāk	(dīk)	それ	hādāk	hādīk
それらの	dūk		それら	hādūk	

hād lə-ktāb dyālək w hādāk dyāli

「この本はあなたのもので，それは (その本は) 私のです」

dūk l-kīsān dyālha w hādu dyālna

「それらのコップは彼女のもので，これらは (これらのコップは) 我々のものです」

3）前置詞 'la および l(lə)「～にとって」と代名詞の接尾形（接尾代名詞）の組み合わせ

単数形	複数形
彼にとって 'līh/lu	彼ら（彼女たち）にとって 'līhum/lhum
彼女にとって 'līha/lha	
あなたにとって 'līk/lək(līk)	あなたがたにとって 'līkum/lkum
私にとって 'līya/li(līyya)	我々にとって 'līna/lna

4）定冠詞をもつ名詞を修飾する形容詞には，同様に定冠詞を添加する（太陽文字で始まる形容詞は名詞と同様に同化作用がある）

　　　l-kəlb l-kbīr「大きい犬」
　　　l-mədṛaṣa ž-ždīda「新しい学校」
　　　ṛ-ṛāžəl ṣ-ṣġīṛ「小さい男」
　　　z-zəṛbiyya l-bālya「古いジュータン」
　　　n-nās l-məšġūlīn「忙しい人々」
　　　ṭ-ṭəbḷa l-biḍa「白いテーブル」

5) 色などに言及する形容詞のように，男女でかなり形態の異なる不規則な変化をもつ形容詞がある

	男性形	女性形	複数形(共通)
白	byəḍ	biḍa	būyəḍ
黒	kḥəl	kəḥla	kūḥəl
赤	ḥmər	ḥəmra	ḥūmər
青	zrəq	zərqa	zūrəq

〖文法ワンポイント〗

○ 古典アラビア語同様に二つの名詞をそのまま並べることで，所有の概念を表すこともできる。この場合前方の名詞は定冠詞をとらず，女性名詞の語尾は/-a/が/-ət/となる：

    mdīna > mdīnət l-fās「フェズの町」

さらに，南部方言では dyāl が ntaʻ や mtaʻ に取って代わられる地域がある

○ 指示形容詞 dāk を女性形 dīk の代わりに使用する地域も多い

○ 前置詞 l(lə)は古典アラビア語の ʼilā にも相当し，方向を表す前置詞としても用いられる：

    l-məṛṛākəš「マラーケシュまで」

    lə-l-bīt「その部屋へ」

○ lī に対して līyya，また lək に対して līk が近年モロッコ口語において使われるようになった形態である。それゆえ lu に対し

て līh という形があり，また lha や lna はそれぞれ līha, līna となる地域がある。(前者はフェズの口語，後者はカサブランカ周辺の口語の特徴である)

○ 北部の山岳地帯では līk / lək に対して līlək という形が用いられることがある

○ lna は時として同化作用によって nna となる現象が見られるが，これはベルベル語（リーフ語）が話されるモロッコ北部地域の特徴である

○ 北部のナドール (Nador)，アルホセイマ (Alhucemas) では，mədṛsa「学校」の意でスペイン語源の səkwila を用いる地域が残存している（<《escuela》）

○ drāri「子供達」はカサブランカ周辺で用いられ，北部では uwāwəl を耳にする

○ bla žmīl のかわりに，lḷāhu ybārək fīk と返答する場合もある

単語

ṣġīṛ	小さい	dərri(drāri)	子供
mrīḍ(mrāḍ)	病気の	dīma	いつも
ḥətta hiyya	彼女もまた	kās(kīsān)	コップ
kullhum	彼らすべて	ʿāmər	いっぱいの
zərbiyya(zrābi)	ジュータン	bra(brawāt)	手紙
ždīd	新しい	ṭwīl	長い/背が高い
bāli	古い	bə-l-ḥəqq	しかし
nās	人々	qṣīr	短い/背が低い
byəḍ/biḍa/būyəḍ	白い	fīk	あなたに対して

bārāka ḷḷāh fīk	ありがとう(ございます)	mədraṣa	学校
		bārāk	祝福
bla žmīl	どういたしまして	ḷḷāhu/ḷḷāh	神
kəlb(klāb)	犬	mdīna	町/都市

第5課 ḍ-ḍərṣ xəmsa
場所をたずねる疑問副詞・時刻の表現

1 msə-l-xīr, a sīdi, fīn xūk dāba?

2 xūya fə-ḍ-ḍāṛ m'a xti

3 wāš m̄mək fə-s-sūq m'a d-drāri?

4 la, m̄mi māši fə-s-sūq, hiyya ḥda l-bāb

5 wāš lə-ḥwāyəž dyālək qəddām n-nāmusiyya?

6 la, lə-ḥwāyəž dyāli mūṛa l-mārīyu

7 fīn ṭ-ṭumubil dyālkum dāba?

8 ṭ-ṭumubil dyālna fə-l-gāṛāž

9 šḥāl hādi fə-s-sā'a?

10 hādi l-wəḥda

11 hādi ž-žūž

12 hādi t-tlāta

13 hādi ṛ-ṛəb'a u-qṣəm

14 hādi l-xəmsa w-qəṣmīn

15 hādi s-sətta u-ṛbə'

16 hādi s-səb'a w-tūlūt

17 hādi t-tmənya w-xəms qṣām

18 hādi t-təs'ūd w-nəṣṣ

19 hādi l-'əšṛa u-sbə' qṣām

20 hādi lə-ḥḍāš qəll tūlūt

21 hādi ṭ-ṭnāš qəll qəṣmīn

---

1 今晩は旦那さん，お兄さんは今どこにいますか
2 兄は妹といっしょに家にいます
3 あなたのお母さんは子供達と一緒に市場にいるのですか
4 いいえ，母は市場にはいませんよ，彼女は門の脇にいますよ
5 あなたの衣類はベッドの前に（置いて）ありますか
6 いいえ，私の衣類は洋服ダンスの後ろですよ
7 あなたがたの車は今どこにありますか
8 我々の車は車庫にありますよ
9 今何時ですか
10 1時です
11 2時です
12 3時です
13 4時5分です
14 5時10分です
15 6時15分です
16 7時20分です

17　8時25分です
18　9時30分です
19　10時35分です
20　11時20分前です
21　12時10分前です

1　مساء الخير يا سيِّدي، أين أخوك الآن؟
2　إنّه في المنزل مع أختي.
3　هل أمّك في السوق مع الأولاد؟
4　لا، إنّها ليستْ في السوق، ولكنّها بجانب الباب.
5　هل ملابسك أمامَ السرير؟
6　لا، إنَّها وراءَ الخذانة.
7　أين سيارتكم الآن؟
8　إنّها في المِرْأَب.
9　كمِ السَّاعةُ من فضلك؟
10　إنّها تُشير إلى الواحدة بعد الزَّوال.
11　تشير إلى الثانية بعد الزوال.
12　تشير إلى الثالثة بعد الزوال.
13　تشير إلى الرابعة وخمس دقائق.

14 تشير إلى الخامسة وعشر دقائق.

15 تشير إلى السادسة وخمس عشرة دقيقة.

16 تشير إلى السابعة وعشرين دقيقة.

17 تشير إلى الثامنة وخمسة وعشرين دقيقة.

18 تشير إلى التاسعة والنصف.

19 تشير إلى العاشرة وخمس وثلاثين دقيقة.

20 تشير إلى العاشرة وأربعين دقيقة

21 تشير إلى الحادية عشرة وخمسين دقيقة.

【文法】
1) (存在) 場所を表す疑問副詞「どこに (ある/いる)」
　　fīn + 限定された名詞：fīn nta dāba?「君は今どこですか」

2) 時刻の表現
　　質問：数の疑問副詞 šḥāl + hādi + 前置詞/fə/ + s-sāʻa
　　返答：hādi + 定冠詞 + 数詞
　　　šḥāl hādi fə-s-sāʻa?「何時ですか」
　　　hādi t-tlāta「3時です」

3) 数詞の用法 [次の課以降に続く]
　　名詞の数量は2から10までは以下のように表される
　　　数詞 + 前置詞 d(də) + 定冠詞 l- (lə-) + 名詞複数形：

žūž d-lə-ktub「二冊の本」
žūž də-l-bībān「二つのドアー」
tlāta də-l-kīsān「コップ3個」
ṛəbʻa d-lə-žṛābi「ジュータン4反」

3	tlāta	4	ṛəbʻa	5	xəmsa
6	sətta	7	səbʻa	8	tmənya
9	təsʻūd	10	ʻəšra	11	ḥḍāš
12	ṭnāš				

4) 前置詞 mʻa「～といっしょに」と接尾代名詞の組み合わせ

単数形	複数形
彼といっしょに mʻah 彼女といっしょに mʻaha	彼ら(彼女たち)といっしょに mʻahum
あなたといっしょに mʻak	あなたがたといっしょに mʻakum
私といっしょに mʻaya	我々といっしょに mʻana

5) 前置詞 f(fə)「〜の中（に）」と接尾代名詞の組み合わせ

単数形	複数形
彼の中（に） fīh 彼女の中（に） fīha	彼ら（彼女たち）の中（に） fīhum
あなたの中（に） fīk	あなたがたの中（に） fīkum
私の中（に） fīya	我々の中（に） fīna

〖文法ワンポイント〗

○ 不定名詞の存在の表現（英語の there is, there are 構文）に関しては第8課で扱う

○ モロッコ北部では通常 xūk に代わって xāk，また xūya に代わって xāy を用いる

○ ḥda は古典アラビア語の前置詞 ḥiḏā'a「反対側の」からの意味の転用

○ mūṛa は古典アラビア語 min warā' が起源

○ mārīyu はスペイン語の《armario》の借用語

○ šḥāl hādi fə-s-sā'a?（英語の直訳は *How much it (is) in hour?）

- 数字の「2」žūž 及び「9」təs'ūd は古典アラビア語との違いに注意
- qṣem「5分」は古典アラビア語の qism「部分」からの意味の転用，同様に qəṣmīn「2つの5分＝10分」，なお複数形は qṣām

単語

msə	午後	mūṛa	～の後ろに
sīdi	私の主人	māṛīyu	洋服ダンス
fīn	どこ	ṭumubil	自動車
xūk/xāk	君の兄/弟	gāṛāž	車庫
xūya/xāy	私の兄/弟	šḥāl	いくつ
m'a	～といっしょに	sā'a	時間
xti	私の姉/妹	qṣəm	5分
ṃṃi	私の母	qəṣmīn	10分
sūq	市場	ṛbə'	$\frac{1}{4}$時間/15分
ḥda	～の脇に(で)	tūlūt	$\frac{1}{3}$時間/20分
ḥwāyəž	衣服	nəṣṣ	$\frac{1}{2}$時間/半分
qəddām	～の前に	qəll	～分前
nāmusiyya	ベッド		

第6課 d-dərṣ sətta
所有の表現

1. s-salāmu ʻalīkum, kīf dāyər?
2. la bās, l-ḥəmdu l-llāh, bāṛāka llāh fīk
3. ʼəfāk, āš smiytək?
4. smiyti līla, u-nta āš smiytək?
5. āna smiyti mūsa, mətšəṛṛfīn
6. šḥāl f-ʻəmṛək?
7. āna ʻəndi xəmsṭāšəl ʻām, u-nti līla, ʻəndək bəzzāf də-l-xūt?
8. iyyəh, ʻəndi sətta də-l-xūt, u-nta šḥāl ʻəndək
9. la, ma ʻəndi wālu
10. wāš ʻəndək ši flūs?
11. iyyəh, ʻəndi šwiyya d-lə-flūs
12. šḥāl mən ktāb ʻəndək?
13. ʻəndi ši ṛəbʻīn ktāb
14. bə-s-slāma, təbqa ʻla xīr
15. llāh yhənnīk

1 こんにちは，お元気ですか
2 まあまあですよ，おかげさまで，ありがとうございます
3 すみません，あなたのお名前は
4 名前はライラです，あなたのお名前は
5 ムーサです，お会いできて光栄です
6 お年はいくつですか
7 15歳です，ところでライラさん，兄弟はたくさんいますか
8 はい，6人います，あなたは何人いますか
9 一人もいないんですよ
10 お金はいくらかもっていますか
11 はい，少しもっています
12 本は何冊もっていますか
13 40冊ぐらいありますよ
14 さようなら，お元気で
15 さようなら（あなたに神の祝福がありますように）

---

1 السلام عليكم، كيف حالك؟

2 أنا بخير والحمد للّه، بارك اللّه فيك.

3 مِنْ فضلكِ ما اسمكِ؟

4 إسمي ليلى وأنتَ ما اسمكَ؟

5 إسمي موسى تَشَرَّفنا.

6 كم هو عمرك؟

7 عمري خمسة عشر سنة. وهل أنتِ يا ليلى، عندكِ كثيرِ من الإخوان؟

8 نعم، عندي ستّة إخوان وكم عندك أنتَ؟

9 لا، ليس عندي إخوة.

10 هل عندك بعض من النقود.

11 نعم، عندي شيءٌ من النقود.

12 كم كتابًا عندك؟

13 عندي أربعون كتابًا تقريبًا.

14 مع السلامة تبقى على الخير.

15 اللّه يُهَنِّيك.

【文法】

1) 数詞の用法［前課の続き］

名詞の数量は11以上19までは以下のように表される

数詞＋接尾辞 əl ＋名詞単数形：

ḥdāšəl šəṛžəm「11の窓」

ṭnāšəl ktāb「12冊の本」

13 təlṭāš(əl)　14 ṛbə'ṭāš(əl)　15 xməsṭāš(əl)
16 səṭṭāš(əl)　17 sbə'ṭāš(əl)　18 tmənṭāš(əl)
19 tsə'ṭāš(əl)

2）所有の概念を表す前置詞 'ənd「～（と）ともに」と接尾代名詞の組み合わせ

  'ənd ＋接尾代名詞＋名詞：'əndi ktāb「私は本をもっている」

単数形	複数形
彼はもっている 'əndu 彼女はもっている 'əndha	彼らはもっている 彼女たちはもっている 'əndhum
あなたはもっている 'əndək	あなたがたはもっている 'əndkum
私はもっている 'əndi	我々はもっている 'əndna

3）数量を問う表現（英語の How many ＋名詞複数形）には次の二通りがある

a) šḥāl mən ＋名詞単数形：
 šḥāl mən ktāb 'əndək?「本を何冊もっていますか」

b) šḥāl d-lə (də-l) ＋名詞複数形：
 šḥāl d-lə-ktub 'əndək?

〚**文法ワンポイント**〛

○ 時に 'ənd ＋接尾代名詞は名詞として機能し,「各自の家」の意味となる:

　　'əndi「私の家」

　　'əndək「あなたの家」

○ kīf dāyər の dāyər は動詞 dār「する, 置く」の現在分詞形で (第13課【文法】「現在分詞の形態」参照) 直訳は「どのようにしていますか」, さらに kīf は子音との連続の際に語尾脱落を起こし, 全体が kī dāyər となることがある

○ 今日までモロッコ口語において「ありがとう」の意に šəkṛən はあまり用いられなかったが, 最近では大都市の商店などでよく耳にする

○ smiyt (smiya に女性名詞接尾辞/-t/ が添加した形)

○ šḥāl f-'əmṛək? は時には šḥāl 'əndək mən 'ām? と表現される

○ bəzzāf「たくさん」, šwiyya「少し」は形容詞として機能する際, 後方に d (または də) をともなう

○ モロッコ口語では,「さようなら」の意で m'a s-salāma はあまり聞かれない

単語

kīf	どのように《疑問副詞》	smiyti	私の名前
'əfāk	すみません《呼びかけの感嘆詞》	mətšəṛṛfīn	(お会いできて) 光栄です
āš	何《疑問代名詞》	'əmṛ	年令
smiytək	あなたの名前	'əndi	私はもっている

'ām	年	šwiyya d/də	少しの
'əndək	あなたはもっている	rəb'īn	40
bəzzāf d(də)	たくさんの	bə-s-slāma	さようなら
xūt	兄弟《複数》	təbqa 'la xīr	お元気で
wālu	何も《否定》	llāh yhənnīk	さようなら（神があなたを祝福しますように）《返答》
ši	多少の/およそ/いくつかの		
flūs	お金		

第 7 課 ḍ-ḍərṣ səb'a
比較級・最上級

1 xāy ṭwəl mənni, wāš xtək ṭwəl mənnək?

2 la, xti māši ṭwəl mənni, 'la ḥəqqāš hiyya ṣġəṛ mənni

3 hād l-kāmīyu kbəṛ mən l-āxuṛ

4 hād l-bənt ḥsən mən lə-xṛa

5 l-yūm sxən mən l-bārəḥ

6 hād s-sərwāl qṣəṛ mən hādāk

7 āna fəṛḥān ktəṛ mənnu

8 l-qəhwa də-l-yūm ḥla mən də-l-bārəḥ

9 hād ṭ-ṭbāṣəl nqa mən hādūk

10 wāš xūk kbəṛ mənnək šwiyya?

11 iyyəh, huwwa kbəṛ mənni b-ši-təlt snīn

12 hād ṛ-ṛāžəl f-'əmṛu xəmsīn 'ām, hāda huwwa lə-kbīr

13 ṃṃək fə-'məṛha tlātīn 'ām, bə-l-ḥəqq hiyya lə-zwīna f-lə-mdīna.

14 āna māši ṭwəl bḥālək, bə-l-ḥəqq xūya ṭwəl bḥālək

15 hiyya 'əndha bəšklīṭa bḥāl dyālək

1 兄は私より背が高い，妹さんはあなたより背が高いのですか
2 いいえ，妹は私より背が高くない，私より年下ですから
3 このトラックはほかのトラックより大きい
4 この女の子はほかの女の子より優れている
5 今日は昨日より暑い
6 このズボンはあれより短い
7 私は彼より幸福です
8 今日のコーヒは昨日のより甘い
9 これらの皿はあれらのより清潔だ
10 お兄さんはあなたより少し年上なんですか
11 はい，僕より3歳ほど年上です
12 この男の年は50歳です，彼がいちばん年上です
13 あなたのお母さんは30歳だけれど，町でいちばん美しい（魅力的だ）
14 私はあなたほど背が高くないが，兄はあなたと同じくらい高い
15 彼女はあなたと同じような自転車をもっている

---

1 أخي أطول منِّي، هل أختك أطول منك؟

2 لا، إنَّها ليست أطول منِّي لأنَّها أصغر منِّي.

3 هذه الشاخنة أكبر من الشاخنة الأخرى.

4 هذه الفتاة أحسن من الأخرى.

5 أليوم أشدُّ حرارةٍ من الأمس.

6 هذا السروال أقصر من ذاك السروال.

7 أنا فرِحُ أكثر منه.

8 قهوة اليوم أحلى من قهوة الأمس.

9 هذه الصحون أنظَف من تلك الصحون.

10 هل أخوك أكبر منك قليلاً؟

11 نعم، هو أكبر منّي بحَوَلَيْ ثلاثة سنوات تقريبًا.

12 عمر هذا الرجل خمسون سنةً، هذا هو الأكبر.

13 أمّك عمرها ثلاثون سنة لكنْ هى أجمل إمرأةٍ في المدينة.

14 أنا لستُ أطول مثلك ولكنْ أخي طويل مثلك.

15 لها دَرَّاجة مثلك.

【文法】

1) 比較級のつくり方（比較対照の接続詞は常に mən を用いる）

a) 通常は第二語根と第三語根の間の母音を /ə/ とすることで比較級となる

「長い」 ṭwīl   >   「より長い」 ṭwəl

「大きい」 kbīr   >   「より大きい」 kbər̤

b) 第三語根に /ʻ/ を含む形容詞では /ə/ の代わりに /a/ を挿入する

「広い」 wāsəʻ   >   「より広い」 wsaʻ

c) 第二語根が重複する語においても以上の原則は当てはまる

「狭い」ḍiyyəq ＞ 「より狭い」ḍyəq

d) 語尾に /a/ を添加することで比較級となる若干の形容詞がある

「清潔な」nqi ＞ 「より清潔な」nqa

「甘い」ḥlu ＞ 「より甘い」ḥla

2) 同等比較の表現（比較対照の接続詞は常に bḥāl を用いる）

āna ṭwīl bḥālək「私はあなたと同じくらい背が高い」

3) 最上級のつくり方（比較対照の接続詞は常に f(fə) を用いる）

形容詞の前に定冠詞を置くことで得られる

huwwa lə-kbīr fīna「彼は我々の中でいちばん年上だ」

4) 数詞の用法［前課の続き］

名詞の数量20以上は，数詞＋名詞単数形で表される：

'əšrīn ḥənūt「20の店」

21以上99までの数字は一の位を先に置き，十の位の数と接続詞 u(w) によって結びつける。この際，「2」には žūž ではなく tnayn を用いる：

21	wāḥəd w-'əšrīn	32	tnayn u-tlātīn
40	ṛəbʻīn	50	xəmsīn
60	səttīn	70	səbʻīn
80	tmānīn	90	təsʻīn
99	təsʻūd w-təsʻīn		

〘文法ワンポイント〙
○ 比較の表現で mən の代わりに 'la を用いれば，形容詞はそのままの形で比較級の機能を果たす

  xtək ṭwəl mənnək =
  xtək ṭwīla 'līk「あなたのお姉さんはあなたより背が高い」

○ 'la ḥəqqāš とは対照的に，理由を説明する接続詞として文頭に置かれる ḥīt がある

  ḥīt bḅa mṛīḍ huwwa fə-ḍ-ḍāṛ
  「父は病気なので家にいます」

○ kāmīyu「トラック」はスペイン語《camión》の借用語
○ ṭəbṣīl(ṭbāṣəl)「皿」はアラム語源 {TFSL}
○ 比較の程度を表す前置詞として b(bə) を用いる。この前置詞は古典アラビア語同様ほかに手段，方法を表す

単語

xtək	あなたの姉/妹	sxən	より暑い
ṭwəl	より背が高い/より長い	l-bārəḥ	昨日
		sərwāl(srāwəl)	ズボン
mənnək	あなたより	qṣəṛ	より背が低い/より短い
ṣġəṛ	より小さい		
mənni	私より	mənnu	彼より
kāmīyu	トラック	qəhwa	コーヒー(店)
kbəṛ	より大きい	ḥla	より甘い
āxūṛ/xṛa	ほかの	ṭəbṣīl(ṭbāṣəl)	皿
ḥsən	より良い	nqa	より清潔な

b/bə	～だけ	bba	私の父
təlt snīn	3歳	bḥāl	～のような
xəmsīn	50	bəšklīta	自転車
lə-kbīr	最も年上	ḥənūt(ḥwānət)	店
tlātīn	30	ḥīt	～なので
lə-zwīna	最も美しい（女性）	ḍāṛ(ḍyāṛ/ḍyūṛ)	家

第8課 ḍ-ḍərṣ tmənya
存在を表す表現

1 yāk la bās?
2 ma kāyən bās, ḥəmdu l-ḷḷāh
3 wāš kāyən ši-wāḥəd fə-l-kūzīna?
4 la, ma kāyən ḥətta wāḥəd təmma
5 kāynīn ši-nās fə-ṣ-ṣbiṭāṛ dāba?
6 l-yūm kāynīn bəzzāf də-n-nās hna
7 wāš kāyna bəzzāf də-l-xədma fə-š-šərika dyālna l-yūm?
8 la, kāyna šwiyya də-l-xədma, ʻla ḥəqqāš bəzzāf d-lə-ḥwānət məsdūdīn l-yūm
9 wāš kāyən ši-qəhwa qṛība mən hna?
10 la, ma kāyən wālu
11 šḥāl ʻəndək mən stīlu?
12 ʻəndi ši-mya
13 kāynīn myatayn də-n-nās fə-l-məṭāṛ
14 ʻəndi ktəṛ mən xəms-əmyat dərhəm

— 46 —

1 あのう……調子はいかがですか
2 まずまずです,おかげさまで
3 誰か台所にいますか
4 いいえ,(そこには)誰もいません
5 今病院には誰か人がいますか
6 今日は(ここには)たくさんの人がいます
7 今日我々の会社ではたくさんの仕事がありますか
8 いいえ,少ししかありません,というのは,今日は多くの店がしまっているからです
9 この近くにどこか喫茶店(コーヒー店)はありますか
10 いいえ,全くありません
11 ボールペンは何本お持ちですか
12 約100本くらい私は持っています
13 空港には200人の人がいます
14 私は500ディルハム以上持っている

---

1 حقًا كيف حالك؟

2 بخير وَالحمد للّه.

3 هل يوجد أحدٌ في المطبخ؟

4 لا، لا يوجد أحد هناك.

5 هل يوجد الآن بعض الناس في المستشفى؟

6 نعم، يوجد اليوم هنا كثير من الناس.

7 هل يوجد كثير من العمل اليوم في شركتنا؟

8 لا، يوجد قَليلٌ من العمل لأنّ كثيرًا من الدكاكين مُغْلَقَةٌ اليوم.

9 هل توجد مقهىً قريبةً من هنا؟

10 لا، لا وجود لها.

11 كم من أقلامٍ عندك؟

12 عندي مئةٌ تقريبًا.

13 يوجد في المطار مئتيْن من الناس.

14 عندي أكثر من خمس مئة درهم.

【文法】

1) 存在を表す動詞「～が～にある」
    kāyən +不定名詞男性形：
    kāyna +不定名詞女性形：
    kāynīn +不定名詞複数形：
    āš kāyən hna? 「ここに何がありますか」

2) 数詞の用法［前課の続き］
    名詞の数量100以上の表現は，一の位あるいは十の位が続く際には接続詞 u(w) を挿入し，名詞は単数形とする。また百の位で終わる三百以上の数字には語尾に/-t/を添加する：
    tsə'-myāt təṣwiṛa「900枚の写真」

tsə'-mya w-təs'ūd w-təs'īn šəlya 「999の椅子」

100	mya	200	myatayn
300	təlt-əmya	400	ṛbə'-mya
500	xəms-əmya	600	sətt-əmya
700	sbə'-mya	800	təmn-əmya
900	tsə'-mya	1000	āləf
2000	ālfayn	3000	təlt-ālāf
10000	'əšṛ-ālāf		

〖**文法ワンポイント**〗
○ yāk は相手に対する呼びかけとして用いられるが，時には相手の確認を問う英語の付加疑問文的意味をともなう
○ kāyən は形態的には古典アラビア語 kāna の現在分詞形
○ kūzīna「台所」はスペイン語《cocina》の借用語で，時には kəššīna という形態が使用される
○ ṣbiṭāṛ はスペイン語《hospital》の借用語
○ wālu は形態的には古典アラビア語 wa lau「そしてもし」から派生
○ stīlu「ボールペン」はフランス語源《stylo》

単語

yāk	あのう《注意を喚起する間投詞》	kāyən/kāyna/kāynīn	～がある/いる

ši-wāḥəd/ši-nās	誰か	stīlu	ボールペン
kūzīna	台所	mya	百
ma...ḥətta wāḥəd	誰も〜でない	myatayn	二百
təmma	そこ	məṭāṛ	空港
ṣbiṭāṛ(ṣbiṭāṛāt)	病院	ktəṛ mən	〜より多く
hna	ここ	xəms-əmya	五百
xədma	仕事	dərhəm(drāhəm)	ディルハム
šərika	会社		《モロッコの貨幣単位》
qṛīb/qṛība(mən)	(〜から)近い	təṣwiṛa(tṣāwəṛ)	写真

第9課 ḍ-ḍəṛṣ təsʻūd
数量の表現

1 šḥāl ʻəndək d-lə-flūs f-žībək?

2 ʻəndi myatayn dərhəm dāba

3 w-ṣāḥbək, šḥāl ʻəndu d-lə-flūs?

4 ṣāḥbi ʻəndu ġīr xəmsa w-səbʻīn dərhəm

5 wāš nta mžuwwəž?

6 la, āna māši mžuwwəž, āna ʻəzri w-lākən xūya mžuwwəž

7 wāš ʻəndu ši-wlād? šḥāl ʻəndu mən wəld?

8 la, ma ʻəndu ḥətta wāḥəd

9 wāš kāyən ši atay f-hād l-bərrād?

10 iyyəh, kāyən fīh bəzzāf d-atay

11 šḥāl kāyən mən bīt fə-ḍ-ḍāṛ dyālkum?

12 kāynīn ġīr rəbʻa də-l-byūt f-ḍāṛna

13 hād lə-blād fīha ši-sinimāt?

14 la, ma-fīha-š

1 あなたはポケットにいくらお金を持っていますか
2 今200ディルハムあります
3 あなたの友達はいくら持っていますか
4 (私の友達は) 75ディルハムしか持っていません
5 あなたは結婚していますか
6 いいえ，結婚していません，独身です，けれども兄は結婚しています
7 彼に子供はいるのですか，何人ですか
8 いいえ，一人もいませんよ
9 このポットにお茶ははいっていますか
10 はい，(その中には) たくさんはいっています
11 あなたがたの家には部屋がいくつありますか
12 (我々の家には) 部屋は4つしかありません
13 この町には映画館がありますか
14 いいえ，ありません

---

1 كم من نقودٍ في جيبك؟

2 عندي الآن مئتان درهمٍ.

3 وكم عند صديقك من النقود؟

4 عنده خمس وسبعون درهمًا فقط.

5 هل أنتَ متزوِّج؟

6 لا، أنا لستُ متزوِّجًا، أنا أعزب ولكن أخي متزوِّجٌ.

7 هل عنده أولاد؟ وكم ولدًا عنده؟

8 لا، ليس عنده أولاد.

9 هل يوجد في هذه الإبريق شاي؟

10 نعم، يوجد فيه كثير من الشاي.

11 كم يوجد من غرفٍ في منزلك؟

12 لا توجد إلّا أربعة غرف في منزلنا.

13 هل توجد في هذه المدينة قاعات للسينما؟

14 لا، لا توجد أيُّ قاعات.

【文法】

1）漠然とした量を問う表現（英語の How much ＋不加算名詞）

    šḥāl + d(də) + 不加算名詞：

        šḥāl d-atay fīh?

        「その中にどれくらいのお茶がありますか」

2）否定文において名詞の繰り返しをさける表現

    ma..........š：

        wāš ʻəndək ši-ktub?「本を何冊か持っていますか」

        la, ma-ʻəndi-š「いいえ，一冊も持っていません」

〘文法ワンポイント〙

○ モロッコ口語に導入されたベルベル語起源あるいは外国語起源

の単語は通常定冠詞をともなわない

  atay「茶」

  argān「アルガニアの木」

  tāta「カメレオン」

○ šḥāl kāyən mən bīt fə-ḍ-ḍāṛ dyālkum? は ḍ-ḍāṛ dyālkum šḥāl fīha mən bīt? と変形が可能

○ 古典アラビア語では動詞が文頭にくる動詞文では，後続の名詞が複数でも動詞は単数形をとるという規則があるが，モロッコ口語では常に主語と動詞の数の一致がある。したがって本文12では複数形の kāynīn が使用される

単語

žīb(żyūb)	ポケット	lākən	しかし
ṣāḥb(sḥāb)	友人	atay	茶
ġīr	(単に)～だけ	bərrād(brārəd)	ポット
mżuwwəž	結婚している	blād(blādāt)	町村
ʻəzri	独身の	sinima(sinimāt)	映画館

第10課　ḍ-ḍəṛṣ 'əšṛa
過去動詞 （C₁C₂əC₃ 型）

1　škūn lli gləs 'əndək l-bārəḥ fə-l-līl?

2　xūh gləs 'əndi l-bārəḥ fə-l-līl

3　āš šṛəb ṛ-ṛāžəl fə-l-qəhwa?

4　šṛəb l-qəhwa b-lə-ḥlīb

5　mmək šəṛbət l-qəhwa wəlla atay?

6　šəṛbət atay bla səkkəṛ

7　fūq-āš ġəslu ṣ-ṣəbbāt ž-ždīd dyāli?

8　ġəslu ṣ-ṣəbbāt ž-ždīd dyālək l-bārəḥ f-lə-'šīya

9　wāš lbəsti lə-ḥwāyəž ž-ždād dyālək wəl-l-bārəḥ?

10　la, lbəst lə-ḥwāyəž ž-ždād dyāli nhāṛ ž-žəm'a

1　誰が昨晩あなたの家に滞在したのですか
2　彼のお兄さんです
3　その男の人はコーヒーショップで何を飲みましたか
4　ミルク入りのコーヒーを飲みました
5　あなたのお母さんはコーヒーを飲んだのですか，それともお茶ですか

6 砂糖なしのお茶を飲みました
7 いつ彼らは私の新しい靴を洗ったのですか
8 あなたの新しい靴を昨日の夕方洗いました
9 あなたは（あなたの）新しい服をおとといに着ましたか
10 いいえ，（私の新しい服は）金曜日に着ました

---

1 من الذِّي كان جالسا عندك ليلة أمسِ؟

2 إنَّ الذِّي كان عندي بالأمس هو أخوه.

3 ماذا شرب الرجل في المقهى؟

4 شرب قهوةً بحليبٍ.

5 هل شربتْ أمّك القهوة أم الشاي؟

6 شربتُ الشاي بدون سكّر.

7 متى نظّفوا حذائي الجديد؟

8 نظفوه ليلة الأمس.

9 هل لبست ملابسك الجديدة أوَّل الأمس؟

10 لا، لبستُها يوم الجمعة.

【文法】
1）疑問代名詞 škūn「誰」は動詞一般と結びつく際に，後方に関係代名詞 lli や人称代名詞をともなうことがある

škūn šṛəb > škūn lli šṛəb > škūn huwwa lli šṛəb
　　　「誰が飲みましたか」

　　　škūn nta?「あなたは誰ですか」
　　　āna Yāmāda「山田です」

2）時の疑問副詞 fūq-āš あるいは（wəqt-āš）「いつ」
　　fūq-āš ktəb lə-bṛa?「彼はいつ手紙を書きましたか」

3）過去動詞：三人称単数男性過去が $C_1C_2əC_3$ の形態をとるものを規則動詞とよぶ（C＝子音）

「飲む」

単数形	複数形
彼は飲んだ huwwa　šṛəb 彼女は飲んだ hiyya　šəṛbət	彼らは飲んだ 彼女たちは飲んだ hūma　šəṛbu
あなたは飲んだ nta/nti　šṛəbti	あなたがたは飲んだ ntūma　šṛəbtīw
私は飲んだ āna　šṛəbt	我々は飲んだ ḥna　šṛəbna

この型に属する主な動詞

　　ktəb「書く」, gləs「座る」, lbəs「着る」, qtəl「殺す」, fhəm「理解する」, ṭləb「求める」, ržəʻ「戻る」, xrəž「出かける」, ḍṛəb「打つ（殴る）」, ġsəl「洗う」

4）曜日の表現

　　nhāṛ l-ḥədd「日曜日」　　nhāṛ t-tnayn「月曜日」
　　nhāṛ t-tlāta「火曜日」　　nhāṛ l-aṛbəʻ「水曜日」
　　nhāṛ lə-xmīs「木曜日」　　nhāṛ ž-žəmʻa「金曜日」
　　nhāṛ s-səbt「土曜日」

〚文法ワンポイント〛

○ モロッコ口語の関係代名詞 lli は性，数，格に支配されず常に一定である（第24課【文法】参照）

○ škūn は古典アラビア語 ʼayyu šayʼ yakūn から派生

○ エジプト口語では古典アラビア語の/ž/(/j/)はほとんどすべて/g/となるが，モロッコ口語では流音や側音（m, l, n, r）を含む語彙のみ（時には/z/）に/g/が現れる

○ 人称によっては šrəb の/ə/が前方に移動するが（三人称複数及び女性単数），これはモロッコ口語においては，「母音＋子音＋母音」の組み合わせをさけるための手段である

○ モロッコ北東部のウジダ（Ujdah）周辺では，過去動詞の二人称単数の活用において男性，女性を区別している。したがって šṛəbti が nti に対する活用となり，šṛəbt は āna および nta の双方の活用に用いられる

- fūq-āš は f-wəqt-āš「どの時刻に」から派生
- ṣəbbāt「靴」はスペイン語《zapato》からの借用語

単語

škūn	誰	fūq-āš	いつ
gləs	座る	ġsəl	洗う
līl	夜	ṣəbbāt(ṣbābət)	靴
xūh	彼の兄	ʻšīya	夕方
šṛəb	飲む	lbəs	着る
b-lə-ḥlīb	ミルク入りの	wəl-l-bārəḥ	おととい
wəlla	それとも《接続詞》	nhāṛ ž-žəmʻa	金曜日
bla	〜なし(に)	ktəb	書く
səkkəṛ	砂糖		

第11課 d-dərṣ ḥdāš
過去動詞（kān）:「～にいた」・「もっていた」

1 m'a mən ḥḍərti fə-t-tilifūn l-bārəḥ?

2 ḥḍərt m'a žəddi

3 wāš xrəžtīw wəl-l-bārəḥ f-lə-'šīya?

4 iyyəh, xrəžna mən ḍ-ḍāṛ fə-t-tlāta, u-ržə'na f-lə-ḥḍāš w-nəṣṣ

5 u-'lāš ržə'tīw m'əṭṭlīn?

6 'la qībāl kunna f-lə-bḥəṛ

7 f-āš ržə'tīw mən təmma?

8 mə'lūm, ržə'na fə-l-mašīna

9 kunti fīn 'ām l-ūwwəl, fə-ṛ-ṛbāṭ?

10 la, āna ma-kunt-š fə-ṛ-ṛbāṭ, kunt fə-ḍ-ḍāṛ l-biḍa

11 ḥətta āna kānu 'əndi bəzzāf də-ṣ-ṣḥāb fə-ḍ-ḍāṛ l-biḍa mən qbəl, wālāyənni kullhum xəržu kāmlīn mən təmma

---

1 昨日あなたは誰と電話で話したのですか

2 祖父と話をしました

3 昨日の午後あなたがたは外出しましたか

— 60 —

4 はい，私たちは3時に家から出かけ，11時30分に戻りました
5 なぜそんなに遅くなったのですか
6 というのは私たちは海岸にいたからです
7 何に乗って（そこから）帰ってきたのですか
8 もちろん電車ですよ
9 あなたは昨年はどこにいましたか，ラバトですか
10 いいえ，ラバトではありません，カサブランカにいました
11 私も以前カサブランカに友人がたくさんいたのですが，皆（そこから）出ていってしまいました

---

1 مع من تكلَّمتَ في الهاتف يومَ أمس؟
2 تكلَّمتُ مع جدّي.
3 هل خرجتم أوّل الأمس مساءً؟
4 نعم، خرجنا من المنزل على الساعة الثالثة ورجعنا على الساعة الحادية عشر والنصف.
5 ولماذا رجعتمْ متأخِّرين؟
6 رجعنا متأخِّرين لأنَّنا كنَّا في الشاطيء.
7 كيف رجعتم من هنالك؟
8 فعلا رجعنا بالقطار.
9 أين كنتَ في السنة الماضية، هل في الرباط؟

10 لا، لم أكنْ في الرباط، كنتُ في الدار البيضاء.
11 أنا أيضا كان عندي كثير من الأصدقاء في الدار البيضاء سابقًا ولكنَّهم غادروها جميعًا.

【文法】

1）存在と場所を示す過去動詞：kān

単数形	複数形
彼は〜(に)いた huwwa　kān 彼女は〜(に)いた hiyya　kānət	彼らは〜(に)いた 彼女たちは〜(に)いた hūma　kānu
あなたは〜(に)いた nta/nti　kunti	あなたがたは〜(に)いた ntūma　kuntīw
私は〜(に)いた āna　kunt	我々は〜(に)いた ḥna　kunna

2）過去における所有の概念

　　kān + 'ənd +接尾代名詞+単数名詞：
　　kānu + 'ənd +接尾代名詞+複数名詞：
　　　kān 'əndi ktāb「私は本を持っていた」
　　　kānu 'əndi ktub「私は本を数冊持っていた」

3) 理由を問う疑問副詞：ʻlāš
   ʻlāš ma-kunti-š təmma?
       「なぜあなたはそこにいなかったのですか」
   ʻla qībāl（あるいは ʻla ḥəqqāš）āna kunt mṛīḍ
       「病気だったものですから」

4) 前置詞と疑問詞の組み合わせ
   mʻa mən :
       mʻa mən hḍəṛ?「彼は誰と話しましたか」
       hḍəṛ mʻa xti「私の姉と話しました」
   f-āš :
       f-āš wṣəlti?「あなたは何で到着しましたか」
       wṣəlt fə-ṭ-ṭiyāṛa「飛行機で到着しました」
   b-āš :
       b-āš ṣnəʻ hād ṣ-ṣənḍūq?
           「彼は何でこの箱を作りましたか」
       ṣnəʻ hād ṣ-ṣənḍūq bə-l-mākina
           「機械でこの箱を作りました」

〘**文法ワンポイント**〙
○ škūn「誰」は主格のときのみ使用され，前置詞との組み合わせでは mən が用いられる
   lə-mmən「誰に」
   dyāl mən「誰の（もの）」
○ hḍəṛ「話す」は古典アラビア語 haḍara「くだらないことを話

- す」から意味的派生
- m'əṭṭəl は古典アラビア語 mu'aṭṭal「故障している」,「失業中」から意味的派生
- モロッコ北部では「海岸」の意味に, bḷāya が bḥəṛ に代わって用いられる。なお, bḷāya はスペイン語源《playa》の借用語
- 接続詞 wālāyənni「しかしながら」は逆接とともに驚嘆を表す

単語

m'a mən	誰と	'ām l-ūwwəl	去年
hḍəṛ	話す	ṛbāṭ	ラバト
fə-t-tilifūn	電話で	ḍ-ḍāṛ l-biḍa	カサブランカ
žədd	祖父	mən qbəl	以前
xrəž	外出する	wālāyənni	しかし
'lāš	なぜ	kāmlīn	すべて
m'əṭṭəl	遅れている	wṣəl	到着する
ržə'	戻る	ṭiyāra	飛行機
bḥəṛ/bḷāya	海岸	ṣnə'	作る/製造する
kān	～にいた	ṣənḍūq(ṣnāḍəq)	箱
mə'lūm	もちろん	mākina	機械
mašĭna	電車		

第12課 ḍ-ḍərṣ ṭnāš
過去動詞（C₁āC₂型）・補語人称代名詞

1 fīn šəftihum?

2 šəfthum fə-s-sinima

3 wāš ẓəṛtīwha nhāṛ t-tnayn?

4 la, ma-ẓəṛnāha-š nhāṛ t-tnayn

5 ʻlāš bəʻti ṭ-ṭumubil dyālək?

6 ʻla ḥəqqāš kānu ʻəndi ġīr šwiyya d-lə-flūs

7 wəqt-āš nəḍti hād ṣ-ṣbāḥ?

8 nəḍt fə-s-sətta fə-ṣ-ṣbāḥ w-mən bəʻd fṭəṛt dəġya

9 wāš žəbtīw s-swārət mnə l-ḥənūt?

10 iyyəh, žəbnāhum mən təmma bəkri hād ṣ-ṣbāḥ

11 wāš fəqti məzyān l-yūm?

12 la, ma-fəqt-š məzyān, āna ma-nʻəst-š mrīyyəḥ, ʻla ḥəqqāš kānət fīya sxāna

13 ʻāšət təlt snīn fə-l-məġrib?

14 la, ʻāšət lhīh ktəṛ mən xəms snīn

1 どこであなたは彼らを見たのですか
2 映画館です
3 あなたがたは彼女を月曜日に訪問したのですか
4 いいえ,(私たちは)月曜日には訪問していません
5 なぜあなたは(あなたの)車を売ったのですか
6 というのは,(私の)手元に少ししかお金がなかったからです
7 今朝は(あなたは)何時に起きましたか
8 6時に起きて(その後)急いで朝食をとりました
9 あなたがたは鍵を店から持ってきましたか
10 はい,(私たちはそれをそこから)今朝早く持ってきました
11 あなたは今朝快適に目覚めましたか
12 いいえ,(快適に目覚めませんでした)私はゆっくり眠ることができませんでした,熱があったものですから
13 彼女は3年間モロッコに住んでいたのですか
14 いいえ,(彼女はそこに)5年以上住んでいました

---

1 أين رأيتَهم؟

2 رأيتُهم في السينما.

3 هل زُرْتُموها يوم الإثنين؟

4 لا، لم نزروها يوم الإثنين.

5 لماذا بِعْتَ سيَّارتكَ؟

6 بعتُها لأنَّني كُنْتُ أملك قليلا من النقود.

7 في أيِّ وقتٍ إستيقظتَ من النوم هذا الصباح؟

8 إستيقظتُ على الساعة السادسة وبعد ذلك تناولتُ فطوري بسرعة.

9 هل أحضرتم المفاتيح من الدكان؟

10 نعم، أحضرناها من هناك باكرًا هذا الصباح.

11 هل إستيقظتَ اليوم على أحسنِ مايُرام؟

12 أنا لم استيقظْ على أحسن مايُرام. لأنَّني لم أنم مريحا من شدَّة الحرارة.

13 هل عاشت في المغرب ثلاث سنوات؟

14 لا، عاشت هناك أكثر من خمس سنوات.

【文法】

1）不規則動詞　C₁āC₂型（くぼみ動詞）

「見る」

単数形		複数形	
huwwa	šāf	hūma	šāfu
hiyya	šāfət		
nta/nti	šəfti	ntūma	šəftīw
āna	šəft	ḥna	šəfna

この型に属する主な動詞

　　māt「死ぬ」, dāz「過ぎる」, dār「する, 置く」, ṭāḥ「落ちる／ころぶ」, ṭāṛ「飛ぶ」, žāb「持ってくる」

2）補語人称代名詞（動詞と接尾代名詞の組み合わせ）

単数形	複数形
彼は彼を見た šāfu 彼は彼女を見た šāfha	彼は彼らを見た 彼は彼女たちを見た šāfhum
彼はあなたを見た šāfək	彼はあなたがたを見た šāfkum
彼は私を見た šāfi	彼は我々を見た šāfna

a) 母音で終わる活用形の際, 三人称単数男性の接尾代名詞は/h/となり母音は長母音化する

　　あなたは彼を見た　šəftīh
　　我々は彼を見た　šəfnāh

b) 二人称複数の活用形の際, 三人称単数男性の接尾代名詞との間に補助母音/ə/を挿入する

　　šəftīwəh「あなたがたは彼を見た」

c) 三人称女性単数の活用語尾/-ət/は,三人称単数男性の接尾代名詞との組み合わせで/-əttu/となる
   šāfəttu「彼女は彼を見た」

3) 前置詞 f(fə) の特殊用法
   話し手や聞き手の身体に関する一時的状態を示す
   前置詞 fī＋接尾代名詞：
   fīya l-bərd「私は寒い」
   fīya n-nʿās「私は眠い」
   fīya lə-ʿṭəš「私は喉がかわいている」

   wāš fīk ž-žūʿ? = wāš nta žəʿān?
   「あなたはお腹がすいていますか」
   iyyəh, fīya ž-žūʿ = iyyəh, āna žəʿān
   「はい,私はお腹がすいています」

〚文法ワンポイント〛
○ 本文6に関して,後方に ġīr をともなう否定文ではしばしば ma が省略される
   ma-kānu ʿəndi ġīr šwiyya d-lə-flūs
     = kānu ʿəndi ġīr šwiyya d-lə-flūs
○ nāḍ「起きる」は古典アラビア語 nahaḍa から派生し,語中の /-ha-/ が消失した形態
○ dəġya はベルベル語源

単語

šāf	見る	fāq	目覚める
zạ̄r	訪問する	n'əs	眠る
bā'	売る	mrīyyəḥ	心地よく
ġīr šwiyya	ほんの少し	sxāna	熱/暑さ
wəqt-āš	いつ(何時に)	'āš	生活する/暮らす
nāḍ	起きる	məġrib	モロッコ
mən bə'd	後に	lhīh	あそこ
fṭəṛ	朝食をとる	bərd	寒さ
dəġya	急いで	n'ās	眠気
žāb	持ってくる	'ṭəš	喉の渇き
sārūt(swārət)	鍵	žū'	空腹
bəkri	早く	žə'ān	空腹な

第13課 ḍ-ḍərṣ təlṭāš
過去動詞 (C₁C₂a 型・C₁a 型)

1 mnīn žāy dāk ṣ-ṣdəʻ?

2 dāk ṣ-ṣdəʻ žāy mən l-wād

3 bə-šḥāl šrāw hād bəšklīṭa?

4 šrāwha b-təlt-əmyat dərhəm

5 fūq-āš ʻṭīti s-swārət lə-l-xəddām?

6 ʻṭīthum lu mnīn ža ʻəndi

7 mnīn šrīti hād l-ʻəwd?

8 šrītu mən s-sūq

9 f-āš žītīw wəl-l-bārəḥ?

10 žīna fə-ṭ-ṭumubil dyālna

11 ʻlāš nsītīw l-adrīsa dyālha?

12 ʻla ḥəqqāš ḥna ma-ktəbnāha-š fə-l-wərqa

13 āš ddāt xtək mən dāk l-ḥənūt?

14 ma-ddāt ḥətta ḥāža mən təmma

15 f-āš mən žāmiʻa bḅākum qra?

16 bḅāna qra fə-t-tānawiyya, māši fə-ž-žāmiʻa

17 bə-šḥāl krīti mənnu dāk ḍ-ḍāṛ?

18 krītha b-ālfayn dərhəm

19 fīn xətha mšāt?

20 mšāt l-məktaba

---

1 あの騒音はどこから来ているのですか
2 川からです
3 この自転車を彼らはいくらで買いましたか
4 (彼らはそれを) 300ディルハムで買いました
5 いつあなたは鍵をその労働者にわたしましたか
6 (私は彼にそれを) 彼が私のところに来たときにわたしました
7 どこであなたはその馬を買いましたか
8 (私はそれを) 市場で買いました
9 一昨日あなたがたは何に乗って来ましたか
10 (我々は) 我々の車に乗って来ました
11 なぜ彼女の住所をあなたがたは忘れてしまったのですか
12 なぜなら (我々はそれを) 紙に書いておかなかったからです
13 あなたのお姉さんはあの店から何を買ってきましたか
14 (あそこからは) 何も買ってきませんでした
15 どこの大学であなたがたのお父さんは勉強したのですか
16 我々の父は高等学校で勉強しました，大学ではありません
17 あなたは彼からいくらであの家を借りたのですか
18 2000ディルハムです

19　彼女のお姉さんはどこに行きましたか
20　図書館に行きました

1　مِنْ أين أتى ذلك الضجيج؟

2　أتى ذلك الضجيج من النهر.

3　بكم إشتروْا هذه الدرّاجة؟

4　إشترَوُها بثلاث مئة درهم.

5　متى أعطيتَ المفاتيح للعامل؟

6　أعطيتُها له عندما جاء عندي.

7　مِنْ أين اشتريتَ هذا الحصان؟

8　إشتريتُهُ من السوق.

9　كيف جِئْتم أوّل الأمس؟

10　جئنا بسيّارتنا.

11　لماذا نسيتم عنوانها؟

12　نسيناه لأنّنا لم نكتبْه في الورقة.

13　ماذا أخذتْ أختك من ذلك الدكان؟

14　لم تأخذْ من هناك شيئًا.

15　في أيِّ جامعة درس أبوكم؟

16 درس أبونا في الثانوية وليس في الجامعة.

17 بكم أجَّرتَ منه ذلك البيت؟

18 أجرتُهُ بألفيْ درهم.

19 إلى أين ذهبتْ أختها؟

20 ذهبت إلى المكتبة.

【文法】

1) 不規則動詞　C_1C_2a 型・C_1a 型（弱動詞）

「来る」

単数形		複数形	
huwwa	ža	hūma	žāw
hiyya	žāt		
nta/nti	žīti	ntūma	žītīw
āna	žīt	ḥna	žīna

「食べる」

単数形		複数形	
huwwa	kla	hūma	klāw
hiyya	klāt		
nta/nti	klīti	ntūma	klītīw
āna	klīt	ḥna	klīna

この型に属する主な動詞
　　qṛa「読む」, mša「行く」, ṭfa「(火などを) 消す」, xda「取る」, nsa「忘れる」

2) 現在分詞の形態：すべての形態は過去動詞の型から導きだすことができる

a) 母音変換や母音添加によるもの
　　$C_1C_2 \partial C_3$ 型 > $C_1 \bar{a} C_2 \partial C_3$　　　　ktəb > kātəb
　　$C_1 \bar{a} C_2$ 型 > $C_1 \bar{a} y \partial C_2$　　　　šāf > šāyəf
　　$C_1 a$ 型 > $C_1 \bar{a} y$　　　　ža > žāy
　　$C_1 C_1 a$ 型 > $C_1 C_1 \bar{a} y$　　　　dda > ddāy
　　$C_1 \partial C_2 C_2$ 型 > $C_1 \bar{a} C_2 C_2$　　　　sədd > sādd
　　　　　　　　　　　　　　　(第14課【文法】参照)

b) 接頭辞によるもの
　　$C_1 C_2 a$ 型 > $w \bar{a} C_1 \partial C_2$　　　　kla > wākəl

C1əC2C2əC3 型 > mC1əC2C2əC3	kəmməl > mkəmməl	
	（第15課【文法】参照）	
C1āC2əC3 型 > mC1āC2əC3	'āwən > m'āwən	
	（第17課【文法】参照）	
C1əC2C2a 型 > mC1əC2C2i	wərra > mwərri	
	（第14課【文法】参照）	

〘文法ワンポイント〙

○ mnīn は古典アラビア語 min aina から派生
○ ṣḍə' は古典アラビア語 ṣudā'「頭痛」から意味的派生
○ wād は古典アラビア語 wādin「谷」から意味的派生
○ 多くの口語アラビア語では「買う」の意味に第Ⅷ型 /'štarā/ を用いるがモロッコ口語では第Ⅰ型
○ C1əC2C2āC3 の形態を持つ名詞は職業や人物を表す：
    xəddām「労働者」　< 　xdəm「仕事する」
    gəzzār「肉屋」　　< 　gəzzər「切る」
    nəžžāṛ「大工」　　< 　nžəṛ「滑らかにする」
○ 'əwd「馬」の語源は古代アラビア語（Old Arabic）
○ adrīsa はフランス語源《adresse》の借用語で，時には語頭の /a-/ が消失して drīsa となる
○ wərqa は「切符」の意味にも用いられる
○ qṛa が古典アラビア語のように「読む」の意味で用いられることは稀である

単語

mnīn	どこから	wərqa (wrāq)	紙
žāy	来ている	dda	持って行く
ṣdəʻ	騒音	žāmiʻa	大学
wād	川	bḅākum	あなたがたのお父さん
bə-šḥāl	いくらで	qra	勉強する
šra	買う	bḅāna	我々の父
ʻṭa	与える	tānawiyya	高等学校
xəddām (xəddāma)	労働者	kra	賃借りする
mnīn	〜の時《接続詞》	mša	行く
ʻəwd	馬	məktaba	図書館
nsa	忘れる	kla	食べる
adrīsa (adrīsāt)	住所		

第14課 ḍ-dərṣ rbəʻṭāš
過去動詞（C1əC2C2 型・C1əC2C2a 型）

1 škūn lli wərra l-bərrād lə-mṛātək?

2 hād l-bəqqāl wərrāh-lha

3 ʻlāš xəllīti l-xənša ʻənd l-ḥəžžām?

4 xəllītha ʻəndu ʻla qībāl kānu ʻəndi bəzzāf d-lə-ḥwāyəž

5 f-āš mən sāʻa ṛ-ṛāžəl sədd l-bāb?

6 sədd l-bāb fə-ṛ-ṛəbʻa də-l-ʻšīya

7 w-kīf-āš səddu?

8 səddu bə-l-sārūt

9 fūq-āš ḥəllu ṣ-ṣbiṭāṛāt ž-ždād?

10 ḥəlluhum ʻām l-ūwwəl

11 lə-mmən məddītīw lə-qṛāʻi?

12 məddīnāhum l-kuzzīni

13 fīn l-bənt xəllāt atay?

14 l-bənt xəllāt atay fūq ṭ-ṭəbḷa

15 ši-wāḥəd dəqq fə-l-bāb dyālna fə-t-tlāta

1　誰がそのお茶のポットをあなたの奥様に見せたのですか
2　この食料品店の店主です
3　なぜその袋をあなたは理髪店に置いてきたのですか
4　たくさんの日用品が手元にあったからです
5　何時にその男は門を閉めましたか
6　午後4時です
7　どうやって（彼はそれを）閉めたのですか
8　鍵で閉めました
9　いつそれらの新しい病院は開設されましたか（彼らは開設した）
10　去年です
11　あなたがたは（それらの）ビンを誰に手渡しましたか
12　コックに手渡しました
13　その娘はお茶をどこに置きましたか
14　机の上です
15　誰かが我々の家のドアーを3時にノックしました

1　مَنْ هو الذّي أرى الإبريق لزوجتك؟

2　هذا البقّال هو الذي أراه لها.

3　لماذا تركتَ الكيس عند الحلّاق؟

4　تركتُه عنده لأنَّني كنتُ مُحَمَّلا بكثيرٍ من الحوائج.

5　في أيِّ ساعة أغلق الرجل الباب؟

6　أغلق الباب على الساعة الرابعة مساءً.

7 وكيف أغلقه؟

8 أغلقه بالمفتاح.

9 متى فتحوا المستشفات الجديدة؟

10 فتحوها في السنة الماضية.

11 لِمَنْ أعطيتم القنّينات؟

12 أعطيناها للطباخ.

13 أين تركتْ البنت الشاي؟

14 تركتْ الشاي فوق المائدة.

15 دقَّ أحدٌ باب بيتنا على الساعة الثالثة.

【文法】

不規則動詞　C1əC2C2 型・C1əC2C2a 型

「閉める」

単数形		複数形	
huwwa	sədd	hūma	səddu
hiyya	səddət		
nta/nti	səddīti	ntūma	səddītīw
āna	səddīt	ḥna	səddīna

「見せる」

単数形		複数形	
huwwa wərra		hūma wərrāw	
hiyya wərrāt			
nta/nti wərrīti		ntūma wərrītīw	
āna wərrīt		ḥna wərrīna	

sədd 型の主な動詞

šəmm「匂いを嗅ぐ」, ġəšš「だます」, kəbb「(水などを)注ぐ」, kəff「包む」

wərra 型の主な動詞

ġənna「歌う」, ġəṭṭa「覆う」, xəbba「隠す」

〖文法ワンポイント〗

○ ḥəžžām は古典アラビア語では，従来「吸角法施術」を意味した。モロッコ口語では ḥəžžām は理髪店のみでなく，結婚式などで新夫の身のまわりの世話をする男性もこう呼んでいる

○ kīf-āš「どのように」は kīf（第 6 課〖文法ワンポイント〗参照）のもう一つの形態

○ sədd の /s/ はモロッコ北部では硬口蓋化し /š/ で発音される

○ qṛā'i「ビン」の単数は qəṛ'a で，従来は円錐形の容器をこう呼んでいたことからの転用。ちなみにベルベル語では「ビン」の

意に ta-qərâets を用いる（ベルベル語/â/の音価は [ʻ] に対応する

単語

wərra	見せる	kīf-āš	どのように
mṛātək	あなたの奥様	ḥəll	開く
bəqqāl(bəqqāla)	食料品店主	lə-mmən	誰に
xəlla	残しておく/そのままにする	mədd	手渡す
		qəṛʻa(qṛāʻi)	ビン
ḥəžžām	床屋	kuzzīni	コック
ḥwāyəž	日用品	fūq	〜の上（に）
f-āš mən sāʻa	何時に	dəqq	ノックする
sədd	閉じる/閉める		

第15課 ḍ-dərṣ xməṣṭāš
過去動詞 （C1vC2C2vC3 型）

1 šḥāl xəlləṣti f-hāda?

2 xəlləṣt bəzzāf

3 škūn lli rəžž'ə l-məkla lə-xwātātək?

4 dīk l-mət'əllma rəžž'ət l-məkla lə-xwātāti

5 'lāš rmīti s-sərwāl fə-z-zənqa?

6 'la ḥəqqāš s-sərwāl kān bāli bəzzāf

7 fīn mmək ṣifṭət ṣ-ṣəbbāṭ ž-ždīd dyālək?

8 ṣifṭəttu lə-ḍ-ḍāṛ l-biḍa

9 žbəṛti l-māgāna də-d-dhəb f-dāk-l-ḥənūt?

10 la, žbəṛtha fə-s-sūq

11 'lāš ma-nəḍti-š fə-l-wəqt?

12 'la ḥəqqāš kunt məhlūk bəzzāf

13 wāš ma-xəllītīw-š ṭ-ṭumubil l-xākum?

14 lə-mmən wərrīti ṣ-ṣənḍūq?

15 wərrītu-lu w-lə-xwātātu

16 wāš xāk sədd š-šəffāṛ l-bārəḥ?

17 iyyəh, xūya qəbḍu ḥda bāb l-buṣṭa

18 wāš dārət ṭ-ṭbāṣəl 'al ṭ-ṭəbḷa?

19 iyyəh, dārəthum 'al ṭ-ṭəbḷa

20 wəqt-āš kəmməlti l-xədma dyālək?

21 'ād kəmməltha

---

1 あなたはこれにいくら払いましたか
2 たくさん払いました
3 誰が食べ物をあなたのお姉さんたちに戻したのですか
4 あのお手伝いさんが私の姉たちに食べ物を戻したのです
5 なぜあなたはズボンを道にほうり投げたのですか
6 なぜならそのズボンはかなり古かったからです
7 あなたのお母さんはその新しいあなたの靴をどこに送りましたか
8 (彼女はそれを) カサブランカに送りました
9 あなたはその金の時計をあの店で見つけたのですか
10 いいえ,市場で見つけたのです
11 どうしてあなたは時間ぴったりに起きなかったのですか
12 というのは (私は) くたくたに疲れていたからです
13 あなたがたはその車をあなたがたのお兄さんに預けませんでしたね
14 誰にあなたはその箱を見せましたか

15 （私はそれを）彼と彼のお姉さんたちに見せました
16 あなたのお兄さんはその泥棒を昨日捕まえたのですか
17 はい，（私の兄は彼を）郵便局の門の脇で取り押さえました
18 彼女はそれらの皿をテーブルの上に置きましたか
19 はい，置きました
20 いつあなたは（あなたの）仕事を終えましたか
21 今ちょうど終えたところです

---

1 كم من نقود دفعتَ في هذا؟

2 دفعتُ مبلغًا كبيرًا.

3 مَنْ هو الذِّي أعاد الأكل لأخواتك؟

4 أعادتْ تلك الخادمة الأكل لأخواتي.

5 لماذا القيتَ السروال في الشارع؟

6 ألقيتُه في الشارع لأنّه كان باليًا جدًّا.

7 إلى أين بعثتْ أمّك حذاءك الجديد؟

8 بعثتْه إلى الدار البيضاء.

9 هل وجدتَ الساعة الذهبيَّة في ذلك الدكان؟

10 لا، وجدتها في السوق.

11 لماذا لم تستيقظ في الوقت؟

12 لم أستيقظ في الوقت لأنَّني كنتُ مُنْهَمِكًا جِدًّا.
13 هل لم تتركوا السيارة لأخيكم؟
14 لِمنْ أريتَ الصندوق؟
15 أريتُه له ولأخواته.
16 هل قبض أخوك على السارق يوم الأمس؟
17 نعم، قبضه بجانب باب المكتب البريدي.
18 هل وضعتِ الصحون على المائدة؟
19 نعم، وضعتْها على المائدة.
20 في أيِّ ساعة أنهيتَ عملك؟
21 أنهيتُه الآن.

【文法】

1) 不規則動詞　$C_1vC_2C_2vC_3$ 型（v = 母音）

「終える」

単数形		複数形	
huwwa	kəmməl	hūma	kəmmlu
hiyya	kəmmlət		
nta/nti	kəmməlti	ntūma	kəmməltīw
āna	kəmmelt	ḥna	kəmməlna

「捨てる／投げる」

単数形		複数形	
huwwa	siyyəb	hūma	siyybu
hiyya	siyybət		
nta/nti	siyyəbti	ntūma	siyyəbtīw
āna	siyyəbt	ḥna	siyyəbna

この型の主な動詞

'əmmər「満たす」, ḥəyyəd「取り除く」, xəddəm「操作する」, ṣuwwər「写真をとる」

2）近接過去の表現

現在より少し以前に起こった事柄は，助動詞 'ād を過去動詞に先行させることで表現される：

'ād žāw lə-l-məġṛəb

「彼らはちょうど今モロッコに到着したばかりだ」

3）過去分詞の形態

接頭辞 /m-/ との組み合わせによる。なお kəmməl をはじめとしてすべての派生形動詞では，過去分詞と現在分詞の形態は同一である（第30課【文法】「過去分詞の形態」参照）：

$C_1C_2 ə C_3$ 型 > $m ə C_1 C_2 ū C_3$ ktəb > məktūb

$C_1 ā C_2$ 型 > $m ə C_1 y ū C_2$ šāf > məšyūf（まれ）

C₁əC₂C₂ 型 > məC₁C₂ūC₂	sədd > məsdūd
C₁C₂a 型 > mūC₁ūC₂	kla > mūkūl
C₁C₂a 型 > məC₁C₂i	šra > məšri
C₁əC₂C₂əC₃ 型 > mC₁əC₂C₂əC₃	kəmməl > mkəmməl
C₁əC₂C₂a 型 > mC₁əC₂C₂i	wərra > mwərri

〖**文法ワンポイント**〗

○ xəḷḷəṣ「払う」は多くの東方アラブ諸国では「終える」の意味に用いられる

○ ṛma「投げる」に対して，siyyəb がモロッコ北部では用いられる

○ ṣifəṭ はベルベル語源で，「行かせる」の意味で用いられている。なおモロッコ北部では「送る」の意味に ṣəṛṛəd が頻繁に用いられる

○ ṣifṭəttu における子音重複に関しては，第12課【文法】を参照

○ žbəṛ はロマンセ起源《anjabar》で，当時のアル・アンダルスのアラビア語では「整える」を意味していた

○ məhlūk の古典アラビア語の語源 {hlk} は本来「朽ち果てる，死ぬ」の意

○ 北部では「捕まえる」の意に，sədd にかわって ṣəbbəṛ を使用

○ dār は古典アラビア語 'adāra「まわす」（第Ⅳ型）から派生している。したがって本来「家」を意味する古典アラビア語の dār との混同を避けるため，モロッコ口語では強勢音を用いた ḍāṛ が「家」の意に用いられる

○ 前置詞 'al「〜の上（に）」は定冠詞の前で用いられ，本来の形態は 'la (23ページ参照)

単語

xəḷḷəṣ	払う	məhlūk	疲労困憊している
ṛəžžəʻ	戻す/返す	sədd	捕まえる
məkla	食べ物	šəffāṛ	泥棒
məṭʻəllma	お手伝い（女）	qbəḍ	取り押さえる
ṛma	投げる	busṭa	郵便局
zənqa	道	dār	置く
ṣifəṭ	送る	'al	〜の上（に）
žbəṛ	みつける/発見する	kəmməl	終える
dhəb	金	siyyəb	捨てる/投げる
fə-l-wəqt	時間通りに	'ād ＋過去動詞	〜したばかり

第16課 d-dərṣ səṭṭāš
現在動詞（規則的なもの）

1 fīn ka-yəxdəm ḇḇāk dāba?

2 ka-yəxdəm fə-l-mədṛṣa

3 wāš ka-yšəṛbu dūk n-nās dīma lə-ḥlīb f-lə-ġda?

4 iyyəh, ka-yšəṛbu dūk n-nās dīma lə-ḥlīb f-lə-ġda

5 fūq-āš ka-tġəslu lə-ḥwāyəž dyālkum?

6 ka-nġəslūhum nhāṛ lə-xmīs

7 šḥāl d-lə-bṛāwāt ka-təktəb kull nhāṛ?

8 ka-nəktəb žūž də-l-bṛāwāt

9 škūn lli ka-yərfəd hād xənša l-ʿāmṛa b-lə-flūs?

10 xūya ka-yərfədha l-ḅənka

11 ʿlāš dīma ka-tənsa d-dwa fə-l-mārīyu?

12 ʿla ḥəqqāš ṛāni məzrūb bəzzāf

13 wəqt-āš ka-təqṛay fə-l-kunnāš dyālək?

14 ka-nəqṛa fīh kull nhāṛ fə-t-təsʿūd

15 āš ka-yṣənʿu f-hād l-uzīn?

16 ka-yṣənʿu fīh t-təllāžāt

— 90 —

17 āš ka-tʻəṛfi f-hād l-mākina?

18 ma-ka-nəʻṛəf fīha wālu

19 b-āš ka-tʻəmməṛ ṭ-ṭəbṣīl hiyya?

20 ka-tʻəmmṛu bə-l-ma

---

1 今あなたのお父さんはどこで働いていますか
2 学校で働いています
3 あの人たちはいつも昼食に牛乳を飲んでいるのですか
4 はい，(彼らはいつも) 昼食には牛乳を飲んでいます
5 いつあなたがたは (あなたがたの) 衣類を洗いますか
6 (我々はそれらを) 木曜日に洗います
7 あなたは毎日何通の手紙を書きますか
8 二通です
9 誰がそのお金でいっぱいのバックを運んでいるのですか
10 私の兄が (それを) 銀行に運んでいます
11 なぜいつもあなたは，洋服ダンスに薬を忘れるのですか
12 (なぜなら私は) 大変急いでいるからです
13 いつあなたは (あなたの) ノートを勉強するのですか
14 (私はそれを) 毎日9時に勉強します
15 彼らはこの工場で何を造っているのですか
16 そこでは冷蔵庫を造っています
17 この機械についてあなたは何を知っていますか
18 何も知りません

19　彼女は何でその皿をいっぱいにするのですか
20　水でそれをいっぱいにするのです

1　أين يعمل أبوك الآن؟

2　يعمل في المدرسة.

3　هل يشرب دائما هؤلاء الناس الحليب عند الغداء؟

4　نعم، يشربون دائما الحليب عند الغداء.

5　متى تغسلون ملابسكم؟

6　نغسلها يوم الخميس.

7　كم من رسائل تكتب كل يوم؟

8　أكتب رسالتين.

9　مَنْ يحمل هذا الكيس المملوء بالنقود؟

10　يحمله أخي إلى البنك.

11　لماذا تنسى دائما الدواء في الخزانة؟

12　أنساه لأنَّني جِدُّ مستعجل.

13　في أيِّ وقت تقرئين في دفترك؟

14　أقرأ فيه كل يوم على الساعة التاسعة.

15　ماذا يصنعون في هذا المعمل؟

16 يصنعون فيه الثلّاجات.
17 ماذا تفهمون في هذه الآلة؟
18 لا أفهم فيها شيئا.
19 بماذا تملأ الصحن؟
20 تملأه بالماء.

【文法】

1) 現在動詞の形態は，原則的には接頭辞/ka-/およびそれぞれの人称接頭辞を過去動詞に前置することで得られる。過去動詞とは異なり，二人称単数の活用が男女で区別される点に留意しなければならない

a) ka-yəC$_1$C$_2$əC$_3$ 型 < C$_1$C$_2$əC$_3$
šṛəb「飲む」

単数形		複数形	
huwwa	ka-yəšṛəb	hūma	ka-yšəṛbu
hiyya	ka-təšṛəb		
nta	ka-təšṛəb	ntūma	ka-tšəṛbu
nti	ka-tšəṛbi		
āna	ka-nəšṛəb	ḥna	ka-nšəṛbu

— 93 —

b) ka-yəC1C2a 型 < C1C2a

qṛa「勉強する」

単数形		複数形	
huwwa	ka-yəqṛa	hūma	ka-yəqṛāw
hiyya	ka-təqṛa		
nta	ka-təqṛa	ntūma	ka-təqṛāw
nti	ka-təqṛay		
āna	ka-nəqṛa	ḥna	ka-nəqṛāw

c) ka-yC1əC2C2əC3 型 < C1əC2C2əC3

kəmməl「終える」

単数形		複数形	
huwwa	ka-ykəmməl	hūma	ka-ykəmmlu
hiyya	ka-tkəmməl		
nta	ka-tkəmməl	ntūma	ka-tkəmmlu
nti	ka-tkəmmli		
āna	ka-nkəmməl	ḥna	ka-nkəmmlu

d) ka-yC1əC2C2 型 < C1əC2C2

sədd「閉める」

単数形		複数形	
huwwa	ka-ysədd	hūma	ka-ysəddu
hiyya	ka-tsədd		
nta	ka-tsədd	ntūma	ka-tsəddu
nti	ka-tsəddi		
āna	ka-nsədd	ḥna	ka-nsəddu

2) 主語人称代名詞の強調用法

強調の接頭辞/ṛa-/は接尾代名詞あるいは従来の主語人称代名詞とともに用いられ，意味的には古典アラビア語の慣用表現 'inna＋接尾代名詞 に対応する

	単数形	複数形
三人称男性	ṛāh/ṛā-huwwa	ṛāhum/ṛā-hūma
三人称女性	ṛāha/ṛā-hiyya	
二人称男性	ṛāk/ṛā-nta	ṛākum/ṛā-ntūma
二人称女性	ṛāki/ṛā-nti	
一人称	ṛāni/ṛ-āna	ṛā-ḥna

〖文法ワンポイント〗
- 現在動詞の接頭辞/ka-/は個人によっては/ta-/と発音され，人称接頭辞/t-/と混同されることがある。さらにマラーケシュ方面では/ka-/が/ba-/となり，エジプト口語における現在進行形の接尾辞と共通している
- 接頭辞/ṛa-/は本来，古典アラビア語の動詞 ra'ā「見る」から派生
- məzrūb は動詞 zrəb「急ぐ」の過去分詞であるが，zrəb の語源はベルベル語説が有力である
- l-uzīn（フランス語《usine》）はモロッコの旧フランス支配地域で用いられるが，北部の旧スペイン保護領では fabrīka（スペイン語《fábrica》）が広く普及している
- 'ṛəf「知っている」に対して，前置詞をともなった 本文17の 'ṛəf f(fə) は「〜に関して知識がある」の意

単語

xdəm	仕事する	məzrūb	急いでいる
ġda	昼食	kunnāš(knānəš)	ノート
kull nhāṛ	毎日	uzīn	工場
fə-n-nhāṛ	一日に(つき)	təllāža(-t)	冷蔵庫
rfəd	運ぶ	'ṛəf	知っている
bənka	銀行	'əmməṛ	満たす
dwa	薬	ma	水
ṛani	(まさに)私は		

第17課　ḍ-ḍərṣ sbə'ṭāš
現在動詞（不規則なもの）

1　dīma ka-ddīr bəzzāf də-l-məlḥa f-lə-ḥrīra?

2　la, ka-ndīr šwiyya d-l-ibzạ̄r f-lə-ḥrīra

3　wāš ṃṃək ka-tnūḍ bəkri fə-ṣ-ṣbāḥ?

4　iyyəh, ka-tnūḍ fə-l-xəmsa

5　šḥāl mən mərṛa ka-dẓūr xtək fə-š-šhər?

6　īwa, ka-nẓūrha tlāta wəlla ṛbə'a də-l-məṛṛāt f-š-šhər

7　f-āš mən sā'a ka-tfīq nhāṛ s-səbt?

8　ka-nfīq fə-s-sətta nhāṛ s-səbt

9　fīn ka-t'āwən ḅḅāk?

10　ka-n'āwnu fə-l-məktaba

11　wāš ka-ttəṛžəm hād lə-bṛa mən l-'əṛbiyya lə-n-nəglīza dāba?

12　la, ka-ntəṛžəmha l-lə-fṛanṣawiyya

13　āš ka-tġəllfu nta w-xāk?

14　ka-nġəllfu l-bākiyāt dyāl 'əmmna

15　f-āš mən sā'a dūk l-bəqqāla ka-yḥəllu l-bībān?

16 ka-yḫəlluhum fə-t-tmənya w-nəṣṣ fə-ṣ-ṣbāḥ

17 šḥāl mən mərra ka-təmšīw l-l-mədṛsa f-ṣ-ṣəmāna?

18 ka-nəmšīw xəmsa də-l-mərrāt

19 hād š-šhəṛ fūq-āš ka-yxəḷḷṣu l-xəddāma?

20 dīma ka-yxəḷḷṣu lhum nhāṛ s-səbt

21 šḥāl mən bīḍāt ka-tākli kull ṣbāḥ?

22 ka-nākul tlāta də-l-bīḍāt

23 wāš xāk ka-yəddīk lə-l-məthəf?

24 la, ma-ka-yəddīna-š

---

1 あなたはいつもスープに塩をたくさん入れますか
2 いいえ，スープには少しだけ胡椒を入れます
3 あなたのお母さんは朝早く起きますか
4 はい，5時に起きます
5 あなたは月に何回くらいお姉さんを訪問しますか
6 そうですね，月に3～4回ですね
7 あなたは土曜日は何時に目を覚ましますか
8 6時です
9 どこであなたはお父さんを手伝っているのですか
10 図書館です
11 あなたは今この手紙をアラビア語から英語に訳しているのです

か
12 いいえ，フランス語に訳しているんです
13 あなたとあなたのお兄さんは何を包んでいるのですか
14 （我々の）叔父さんの小包を包んでいるのです
15 何時にあの食料品店の店主たちはドアーを開けますか
16 午前8時30分です
17 あなたがたは週何回学校に通っていますか
18 5回です
19 今月彼らは労働者たちにいつお金を支払うのですか
20 彼らにはいつも土曜日に支払っています
21 あなたは毎朝卵をいくつ食べているのですか
22 3個です
23 お兄さんはあなたを博物館へ連れて行ってくれますか
24 いいえ，我々を連れて行ってくれることはありません

---

1 هل تضع كثيرا من الملح في الحريرة؟

2 لا، أضع قليلا من التوابل في الحريرة.

3 هل تستيقظ أمك باكرا في الصباح؟

4 نعم، تستيقظ على الساعة الخامسة صباحا؟

5 كم من مرة تزر أختك في الشهر؟

6 أزورها ثلاث وأربع مرات في الشهر.

7 في أيِّ ساعة تستيقظ يوم السبت؟
8 أستيقظ يوم السبت على الساعة السادسة.
9 أين تُساعد أباك؟
10 أساعده في المكتبة.
11 هل تُترجم الآن الرسالة من العربية إلى الإنجليزيَّة؟
12 لا، أترجمها إلى الفرنسيَّة.
13 ماذا تلفُّ أنت وأخوك؟
14 نلفّ علب عمنا.
15 في أيِّ ساعة يفتح هؤلاء البقالة الأبواب؟
16 يفتحونها على الساعة الثامنة والنصف صباحا.
17 كم من مرةٍ في الأسبوع تذهبون إلى المدرسة؟
18 خمس مرّات.
19 متى سيدفعون أجرةَ للعمال في هذا الشهر؟
20 يدفعونها لهم دائما يوم السبت.
21 كم من بيضة تأكلين كل صباحٍ؟
22 ثلاث بيضات.
23 هل يذهب بك أخوك إلى المتحف.
24 لا.

【文法】

現在動詞の活用［前課の続き］

1) 過去動詞が第一語根の後に長母音/ā/をもつ動詞

　　$C_1āC_2əC_3$ 型　「助ける（手伝う）」

（過去）

単数形		複数形	
huwwa	ʻāwən	hūma	ʻāwnu
hiyya	ʻāwnət		
nta	ʻāwənti	ntūma	ʻāwəntīw
nti	ʻāwənti		
āna	ʻāwənt	ḥna	ʻāwənna

（現在）

単数形		複数形	
huwwa	ka-yʻāwən	hūma	ka-yʻāwnu
hiyya	ka-tʻāwən		
nta	ka-tʻāwən	ntūma	ka-tʻāwnu
nti	ka-tʻāwni		
āna	ka-nʻāwən	ḥna	ka-nʻāwnu

この型に属する主な動詞

'āyən「待つ」, ḍāyəf「もてなす」, ḥāwəl「試みる」, 'āwəd「繰り返す」, ṣāfəṛ「旅行する」, žāwəb「答える」, bāṛək「祝福する」

2) 過去動詞とは異なった母音を語中にもつ現在動詞（くぼみ動詞）

a) /ā/が/ī/に移行するもの
dār「する（置く）」

単数形		複数形	
huwwa	ka-ydīr	hūma	ka-ydīru
hiyya	ka-ddīr		
nta	ka-ddīr	ntūma	ka-ddīru
nti	ka-ddīri		
āna	ka-ndīr	ḥna	ka-ndīru

この型に属する主な動詞

žāb「持ってくる」, bā'「売る」, 'āš「住む」, ṭāḥ「落ちる」, ṭāṛ「飛ぶ」, fāq「目覚める」

b) /ā/が/ū/に移行するもの
šāf「見る」

− 102 −

単数形		複数形	
huwwa	ka-yšūf	hūma	ka-yšūfu
hiyya	ka-tšūf		
nta	ka-tšūf	ntūma	ka-tšūfu
nti	ka-tšūfi		
āna	ka-nšūf	ḥna	ka-nšūfu

この型に属する主な動詞

nāḍ「起きる」, māt「死ぬ」, dāz「過ぎる」, ẓāṛ「訪問する」

3) 過去動詞とは異なった母音を語末にもつ現在動詞（弱動詞）

/a/が/i/に移行するもの

ža「来る」

単数形		複数形	
huwwa	ka-yži	hūma	ka-yžīw
hiyya	ka-dži		
nta	ka-dži	ntūma	ka-džīw
nti	ka-dži		
āna	ka-nži	ḥna	ka-nžīw

この型に属する主な動詞

― 103 ―

šra「買う」, ʻṭa「与える」, wərra「見せる」, xəlla「残しておく (そのままにする)」, dda「持っていく」, mša「行く」

4) 不規則動詞

kla「食べる」

単数形		複数形	
huwwa	ka-yākul	hūma	ka-yāklu
hiyya	ka-tākul		
nta	ka-tākul	ntūma	ka-tāklu
nti	ka-tākli		
āna	ka-nākul	ḥna	ka-nāklu

5) 四語根動詞

təržəm「翻訳する」

(過去)

単数形		複数形	
huwwa	təržəm	hūma	trəžmu
hiyya	tṛəžmət		
nta	təržəmti	ntūma	təržəmtu
nti	təržəmti		
āna	təržəmt	ḥna	təržəmna

(現在)

単数形		複数形	
huwwa	ka-ytəržəm	hūma	ka-ytṛəžmu
hiyya	ka-ttəržəm		
nta	ka-ttəržəm	ntūma	ka-ttṛəžmu
nti	ka-ttṛəžmi		
āna	ka-ntəržəm	ḥna	ka-ntṛəžmu

〖文法ワンポイント〗

○ 'āwən「助ける」をはじめとする C₁āC₂əC₃ 型動詞は，古典アラビア語ではいわゆる第Ⅲ型動詞に対応するもの

○ 現在動詞の三人称単数女性および二人称を形成する接頭辞 /t-/ は，/d/, /ẓ/ あるいは /ž/ の前で有声化し /d/ となる：
ka-dži ＜ ka-tži

○ ṣəmāna「週」はスペイン語《semana》からの借用語

○ bīḍa(bīḍāt)「卵」に対して集合名詞の bīḍ がある

単語

məlḥa	塩	īwa	それでは
ḥrīra	スープ		《躊躇を表す間投詞》
ibẓāṛ	胡椒	'āwən	助ける/手伝う
məṛṛa(-t)	回/度	təržəm	翻訳する

'ərbiyya	アラビア語	'əmm	伯父/叔父
nəglīza	英語	ṣəmāna	週
fransawiyya	フランス語	dda	連れて行く
ġəlləf	包装する	bīḍa(-t)	卵
bākiya(-t)	包み/小包み	məthəf	博物館

黄金の扉をもつ王宮の門（フェズ）

旧市街裏通りの風景（フェズ）

第18課　ḍ-ḍərṣ tməntāš
願望の表現Ⅰ:「〜したい」・「〜がほしい」
目的を表す副詞句:「〜のために」

1　āš bġīti?

2　bġīt wāḥəd l-kās də-l-ma

3　fīn bġītīw təmšīw hād lə-'šīya?

4　bġīna nəmšīw lə-s-sinima

5　wāš bġāw yəšrīw ši-ḥāža?

6　la, ma-bġāw yəšrīw wālu

7　fūq-āš ṃṃək bġāt tṣəbbən hād s-sərwāl?

8　ṃṃi bġāt tṣəbbnu ġədda, in šā' ḷḷāh

9　lə-mmən bġītīw tbī'u ḍāṛkum?

10　bġīna nbī'ūha l-hād n-nəžžāṛ

11　'lāš hād l-bənt ma-bġāt-š tgūlha-lək?

12　ma-bġāt-š tgūlha-līyya 'lā qībāl āna kunt zə'fān bəzzāf dāk n-nhāṛ

13　m'a mən bġīti dži 'əndna bə'd ġədda?

14　bġīt nzūṛkum m'a mṛāti

15 ʻlāš bġīti təxdəm ktəṛ mən hād š-ši?

16 bġīt nəxdəm bāš n'īš məzyān

17 ʻlāš ḍṛəbti-li t-tilifūn l-bārəḥ fə-l-līl?

18 ḍṛəbt-lək t-tilifūn bāš ma-tənsa-š u-dži fə-l-wəqt

19 f-āš mən sāʻa ṭfīti ḍ-ḍəw bāš tənʻəs?

20 ṭfītu f-lə-ḥḍāš w-nəṣṣ

---

1 あなたは何がほしいですか
2 コップ一杯の水がほしいです
3 あなたがたは今日の夕方、どこへ行きたいですか
4 映画に行きたいです
5 彼らは何か買いたいと思っていますか
6 いいえ、何も買いたいとは思っていません
7 いつあなたのお母さんは、このズボンを洗濯しようと思っているのですか
8 母は明日洗濯しようと思っています(もし神が望むなら)
9 あなたがたは(あなたがたの)家を誰に売りたいと思っていますか
10 この大工さんに売りたいのです
11 なぜこの少女はそれをあなたに言おうとしないのですか
12 それを私に言いたくないのは、私があの日とても腹を立てていたからです

13 明後日あなたは誰と一緒に我々の家へ来ようと思っていますか
14 妻と一緒にお宅を訪問したいと思っています
15 なぜあなたはもっと働きたいと思っていますか
16 （私が働きたいと思っているのは）もっとよい生活をするためです
17 なぜ昨晩あなたは私に電話をかけたのですか
18 （あなたに私が電話をしたのは）あなたが時間に間に合うように来ることを忘れないようにです
19 寝ようとしてあなたは何時に電気を消したのですか
20 11時半です

---

1 ماذا تريد؟
2 أريد كأسَ ماءٍ.
3 إلى أين تريدون أن تذهبوا مساء هذه اليوم؟
4 نريد أن نذهب إلى السينما.
5 هل يريدون شراءَ شيءٍ ما؟
6 لا، لا يريدون شراء أيّ شيء.
7 متى أرادت أمك أن تُنظّف هذا السروال؟
8 تريد أن تنظفه غدا إن شاء الله.
9 لِمَنْ تريدون بيعَ بيتكم؟

10 نريد أن نبيعه لهذه النجّار.

11 لماذا لا تريد هذه البنت أن تقولها لك؟

12 لا تريد أن تقولها لي لأنّني كنت جدَّ غضبانٍ في ذاك اليوم.

13 مع مَنْ تريد أن تأتيَ عندنا بعد غدا؟

14 أريد أن أزوركم مع زوجتي.

15 لماذا تريد أن تعمل أكثر من هذا؟

16 أريد أن أعمل لِكَيْ أعيش جيِّدًا.

17 لماذا كلّمْتَني البارحة على الهاتف؟

18 كلمتُك كيْ لا تنسى ولِتأتيَ في الوقت.

19 في أي ساعة طفئتَ النور لكيْ تنام؟

20 طفأتُه على الساعة الحادية عشرة والنصف.

【文法】

1) 願望の表現 ［第25課【文法】に続く］

bġa「〜がほしい」・「〜がしたい」：

bġa は形態的には過去動詞と同一の活用をもつが、意味上は現在の事柄に言及する

a) bġa の後に名詞をおくことで、「〜がほしい」の意味となる：

bġa hād t-təṣwəra「彼はこの絵が欲しいと思っている」

― 111 ―

b) bġa の後に接頭辞/ka-/を除いた現在動詞の形態をおくことで,「〜したい」の意味となる:

　　　bġa yəktəb wāḥəd lə-bṛa
　　　　「彼は手紙を一通書きたいと思っている」

2) 目的を表す副詞句は, 前置詞 bāš の後に接頭辞/ka-/を除いた現在動詞の形態をおくことで得られる:

　　　žīt l-məġṛəb bāš nəqṛa d-dārīža
　　　　「私はモロッコ口語を学ぶためにモロッコに来ました」

〖文法ワンポイント〗
○ bġa は形態上も現在動詞と同一の活用をする場合がある:
①若干の婉曲的意味の添加

　　nəbġi nəmši gədda「できれば私は明日行きたい」

②一定時間におよぶ状態の継続の描写

　　ma-ka-nəbġi-š nəmši l-ḍāṛhum
　　　「私は彼らの家に行くことは望んでいない」

○ 接頭辞/ka-/を除いた現在動詞の形態は, 古典アラビア語同様,「動詞未完了形」と呼ぶことができる
○ ṣəbbən「洗濯する」は名詞 ṣabūn「石鹸」から派生した動詞
○ in šā' llāh「もし神が思し召すなら」は不確実な未来の出来事に言及する際に, モロッコでも広く用いられている表現である
○ qāl(yqūl)「言う」を gāl(ygūl)で発音するのは, カサブランカ近郊地域の特徴
○ bāš に後続する現在動詞の形態は, 文法上は古典アラビア語の

― 112 ―

接続形に相当する

単語

bġa(yəbġi) 望む/〜がほしい	ktər mən hād š-ši 今よりもっと多く
ṣəbbən 洗濯する	bāš 〜のために
ġədda 明日	dṛəbti-li t-tilifūn あなたは私に電話をかけた
in šā' ḷḷāh もし神が思し召すなら	ṭfa(yəṭfi) (電気, 火などを)消す
nəžžāṛ(nəžžāṛa) 大工	ḍəw 電気/光
qāl(yqūl) 言う	dārīža モロッコアラビア語
zə'fān 怒っている	təṣwəra(tṣāwər) 絵画
dāk n-nhāṛ あの日	
bə'd ġədda 明後日	

— 113 —

第19課 ḍ-ḍərṣ tsə'ṭāš
命令文

1 gləs ḥdāya w-kul b-ṣəḥḥtək

2 ḷḷāh yə'ṭīk ṣ-ṣəḥḥa

3 gəlsi 'la š-šəlya w-kūli

4 gəlsu qəddāmna w-kūlu

5 ma-tərfəd-š hād l-bākiyāt

6 ma-trəfdi-š ṣ-ṣnāḍəq dyālna

7 ma-ddīw-š atay bərṛa

8 bī' z-zīt lhum

9 bī'i lə-ḥwāyəž lə-l-bənt

10 bī'u ṭ-ṭumubil b-tāmān məzyān

11 ma-ddīr-š māgānti 'la ṭ-ṭəbḷa

12 ma-ddīri-š l-kīsān 'la ḷ-ḷəṛḍ

13 ma-ddīru-š l-kūṛa hna

14 aži 'əndna š-šhəṛ ž-žāy

15 ažīw bə'd ġədda fə-t-tmənya

16 ma-tə'ṭīha-š lə-flūs

17 ma-təʕṭīwəh-š s-sārūt
18 šūf dūk lə-ḥwāyəž lə-mwəssxīn dyālək
19 ʕṭini hād ž-žūž də-š-šəlyāt l-ḥəmṛāt
20 ma-dži-š tšūfni ġədda
21 sīr dīr l-xədma dyālək bə-z-zərba
22 ma-txəllīha-š təmši

---

1 (男性に対して) 私の隣に座って食べてください, どうぞ
2 ありがとうございます, いただきます
3 (女性に対して) その椅子に座って食べてください
4 (複数の人々に対して) 我々の前に座って食べてください
5 (男性に対して) これらの包みを持って行かないでください
6 (女性に対して) 我々の箱を持って行かないでください
7 (複数の人々に対して) お茶を外に持ち出さないでください
8 (男性に対して) 油を彼らに売ってやりなさい
9 (女性に対して) 衣服をその娘に売ってやりなさい
10 (複数の人々に対して) その車を適当な値段で売りなさい
11 (男性に対して) 私の時計をテーブルの上に置かないでください
12 (女性に対して) コップを床に置かないでください
13 (複数の人々に対して) ボールをここに置かないでください
14 (単数の人に対して) 来月我々の家にいらしてください

15 （複数の人々に対して）明後日8時にいらしてください
16 （単数の人に対して）彼女にはお金をあげないでください
17 （複数の人々に対して）彼には鍵を渡さないでください
18 （男性に対して）あの汚れた君の服をご覧なさい
19 （単数の人に対して）私にこの二つの赤い椅子をください
20 （単数の人に対して）明日私に会いに来ないでください
21 （男性に対して）急いで君の仕事をしに行きなさい
22 （単数の人に対して）彼女を行かせないでください

---

1 إجلسْ بجانبي و كلْ هنيئًا.

2 اللّه يُهنِّئك.

3 إجلسي على الكرسي وكُلِي.

4 إجلسوا أمامنا وكولوا.

5 لا تحملْ هذه العلب.

6 لا تحملي صندوقنا.

7 لا تحملوا الشاي إلى الخارج.

8 بع الزيت لهم.

9 بيعي الملابس للفتاة.

10 بيعوا السيارة بثمن مناسب.

11 لا تضعْ ساعتي على المائدة.

12 لا تضعي الأكواب على الأرض.

13 لا تضعوا الكرة هنا.

14 تعَالى عندنا في الشهر المقبل.

15 تعالوا بعد غدٍ على الساعة الثامنة.

16 لا تُعطيها النقود.

17 لا تُعطوه المفتاح.

18 أُنظرْ إلى ملابسك الوسخة.

19 أعطني هذين الكرسيَيْن الأحمرين.

20 لا تأتِ كيْ تراني غدا.

21 إذهبْ وانْجزْ عملك بسرعة.

22 لا تدعْها تذهب.

【文法】

1) 肯定命令

規則動詞の二人称に対する肯定命令の形態は、それぞれの現在動詞の接頭辞/ka-/および接頭辞（/t-/または/tə-/）を除くことによって得られる。従って男性に対する肯定命令形は、三人称男性過去の動詞の形態と一致する

（男性単数に対して）　　ktəb「書きなさい」

（女性単数に対して）　　kətbi「書きなさい」

　　　　（複数の人々に対して）　　kətbu「書きなさい」

しかしながら独自の肯定命令の形態をもつ若干の動詞がある：
　　　（単数に対して）　　　　aži「来なさい」
　　　　　　　　　　　　　　　xūd「取りなさい」
　　　　　　　　　　　　　　　sīr「行きなさい」
　　　（複数の人々に対して）　ažīw「来なさい」
　　　　　　　　　　　　　　　xūdu「取りなさい」
　　　　　　　　　　　　　　　sīru「行きなさい」

2）否定命令

否定命令の形態は，それぞれの現在動詞の接頭辞/ka-/を除き，前後に否定の接辞 ma.....š を添加することで得られる

　　　ma-təktəb-š（男性単数に対して）「書くな」
　　　ma-tkətbi-š（女性単数に対して）「書くな」
　　　ma-tkətbu-š（複数の人々に対して）「書くな」

〖**文法ワンポイント**〗

○　命令形に関して，動きを表す自動詞との組み合わせでは，後方の動詞は未完了形ではなくそのまま肯定命令形を用いる：
　　　aži šūfni「私に会いにきなさい」
しかしながら否定命令形にはそのまま未完了形を用いる：
　　　ma-dži-š tšūfni「私に会いにきなさるな」

○　b-ṣəḥḥtək「（あなたの健康とともに）」は相手に食べ物をすすめる表現で，ḷḷāh yəʻṭīk ṣ-ṣəḥḥa「（神はあなたに健康を与える）」

は「ありがとうございます」の意として，常にその返答に用いる

○ 形容詞 ḥmər「赤い」の複数形は文法上は ḥūmər であるが，ḥəmṛīn，さらに本文19の ḥəmṛāt という形態も用いられる（第2課【文法】参照）

単語

kul/kūli/kūlu	食べなさい	lərd/ərd	床/地面
b-ṣəḥḥtək	(どうぞ)召し上がってください	kūṛa	ボール/球
		š-šhər ž-žāy	来月
ḷḷāh yəʕṭīk ṣ-ṣəḥḥa	いただきます《返答》	sīr	行きなさい
		dīr	しなさい
bəṛṛa	外（へ）	bə-z-zərba	急いで
tāmān	値段	xəlla(yxəlli)	～させる

第20課　ḍ-dəṛṣ 'əšrīn
義務，必要性の表現・可能の表現：
「～する必要がある」・「～できる」

1　āš mən sā'a xəṣṣək tnūḍ ġədda?

2　xəṣṣni n-nūḍ kull ṣbāḥ fə-s-sətta

3　wəqt-āš xəṣṣkum tkəmmlu hād l-xədma?

4　xəṣṣna nkəmmlūha qbəl-ma nāklu

5　bḥāk bə-šḥāl xəṣṣu yxəḷḷəṣ ṭ-ṭbīb?

6　xəṣṣu yxəḷḷəṣ b-təlt-əmyāt dərhəm

7　xəṣṣni nəġsəl yəddīya qbəl-ma nākul?

8　mə'lūm, u-zyāda 'la dāk š-ši xəṣṣək təġsəl yəddīk mən bə'd-ma tākul

9　fīn xəṣṣha təmši mən dāba sā'a?

10　xəṣṣha təmši l-buṣṭa bāš təšri t-tnābər

11　wāš yəmkən-lək dži m'aya?

12　la, ma-yəmkən-li-š nəmši m'ak

13　yəmkən-lkum ddīru hād š-ši mən dāba šhəṛ?

14　wāxxa, yəmkən-lna ndīru mən dāba ṣəmāna

15 l-ḥəmdu l-llāh, bāṛāka llāh fīk
16 bla žmīl
17 yəmkən-lək ṣəṛṛəf-li wəṛqa dyāl ʻəšr ālāf fṛənk?
18 la, ma-yəmkən-li-š nṣəṛṛəfha-lək f-hād s-sāʻa, ʻāfək aži mən bəʻd

---

1 あなたは明日何時に起きなければなりませんか
2 私は毎朝6時に起きなければならないのです
3 いつあなたがたは、この仕事を終えなければなりませんか
4 食事の前までに終えなければなりません
5 あなたのお父さんはお医者さんにいくら支払わなくてはなりませんか
6 300ディルハムです
7 食べる前に私は手を洗わなければなりませんか
8 当然ですよ、そして食べた後にも洗わなければなりません
9 彼女は今から一時間後に、どこに行かなければなりませんか
10 切手を買いに郵便局へ行かなければなりません
11 あなたは私といっしょに来られますか
12 いいえ、あなたといっしょに行くことはできません
13 あなたがたは、これを今から一カ月以内にできますか
14 はい、だいじょうぶです、一週間以内にできますよ
15 助かりました、ありがとうございます

16 どういたしまして
17 私のために(あなたは)一万フラン札を両替していただけますか
18 いいえ、今のところは両替できません、どうか後でおいでください

---

1 في أيّ ساعة يجب عليك أن تستيقظ غدا؟

2 عليَّ أن أستيقظ كل صباحا على الساعة السادسة.

3 في أيّ وقت يجب عليكم أن تُتِمُّوا هذا العمل؟

4 يجب علينا أن نُتمَّه قبل الأكل.

5 كم يجب على أبيك أن يدفع للطبيب؟

6 يجب أن يدفع له ثلاث مائة درهم.

7 يجب عليَّ أن أغسل يديَّ قبل الأكل؟

8 فعلا وبعد ذلك يجب عليك أن تغسل يديك بعد الأكل.

9 إلى أين يجب عليها أن تذهب بعد ساعةٍ من الوقت؟

10 يجب عليها أن تذهب إلى مكتب البريد لتشتريَ الطوابع البريديَّة.

11 هل تستطيع أن تأتيَ معي؟

12 لا، لا أستطيع أن أذهب معك.

13 هل تستطيعون أن تفعلوا هذا الشيء بعد شهر؟

14 نعم، نستطيع أن نفعله بعد أسبوع.

15 شكرا فلْيُباركْك اللّه.

16 لا شكر على واجب.

17 هل يُمكنك أن تُصرِّف لي مائة درهم؟

18 لا، لا يمكن لي أن أُصرِّفها لك الآن، وأرجو أن تأتيَ من بعد.

【文法】

1) 義務，必要性の表現

xəṣṣ ＋接尾代名詞＋動詞未完了形：

(huwwa)   xəṣṣu yəmši
      「彼は行かなければならない」

(hiyya)   xəṣṣha təmši
      「彼女は行かなければならない」

(nta)   xəṣṣək təmši
      「あなた（男）は行かなければならない」

(nti)   xəṣṣək təmši
      「あなた（女）は行かなければならない」

(āna)   xəṣṣni nəmši
      「私は行かなければならない」

(hūma)   xəṣṣhum yəmšīw
      「彼ら(彼女たち)は行かなければならない」

(ntūma)   xəṣṣkum təmšīw
      「あなたがたは行かなければならない」

(ḥna)　　xəṣṣna nəmšīw
　　　　　「我々は行かなければならない」

2）可能表現の形態

　　yəmkən＋前置詞1＋接尾代名詞＋動詞未完了形：

　　（huwwa）　yəmkən-lu yži
　　　　　　　「彼は来ることができる」
　　（hiyya）　yəmkən-lha dži
　　　　　　　「彼女は来ることができる」
　　（nta）　　yəmkən-lək dži
　　　　　　　「あなたは来ることができる」
　　（nti）　　yəmkən-lək dži
　　　　　　　「あなたは来ることができる」
　　（āna）　　yəmkən-li nži
　　　　　　　「私は来ることができる」
　　（hūma）　yəmkən-lhum yžīw
　　　　　　　「彼ら（彼女たち）は来ることができる」
　　（ntūma）　yəmkən-lkum tžīw
　　　　　　　「あなたがたは来ることができる」
　　（ḥna）　　yəmkən-lna nžīw
　　　　　　　「我々は来ることができる」

3）時を表す副詞節の用法

　　qbəl-ma「～の前に」：

　　　　ġsəl yəddīk qbəl-ma tākul「食べる前に(両)手を洗いなさい」

mən bə'd-ma「〜の後で」:
　　ġsəl yəddīk mən bə'd-ma tākul
　　　「食べた後で（両）手を洗いなさい」

4) 逆接を導く接続詞 wāxxa の用法

wāxxa には承諾を表す副詞としての用法のほかに，接続詞としての機能がある：

　　wāxxa kunt 'əyyān mšīt nəxdəm
　　　「私は疲れていたが，働きに行った」

〚文法ワンポイント〛

○ 今日のモロッコでは金額の表示に関して，dərhəm（ディルハム）が最も一般的であるが，他に二種類の貨幣単位が用いられている：

　　フラン（frənk）　　100フラン＝1ディルハム
　　リヤール（ryāl）　　20リヤール＝1ディルハム

○ yəddīya < yədd + īn + ya「私の手（複数）」；語尾/-īn/をもつ複数名詞に接尾代名詞が続く際，最後の/n/は脱落する：
　　wəldīkum「あなたがたの両親」< wəldīn + kum

○ wāxxa は古典アラビア語 huwwa xair から派生している

単語

ṭbīb(ṭubba)	医者	zyāda 'la dāk š-ši	そのうえ
yəddīya	私の両手	mən bə'd-ma	〜の後で
qbəl-ma	〜の前に	mən dāba〜	今から〜後

tənbər(tnābər)	切手	frənk	フラン《モロッコの貨幣単位》
wāxxa	了解しました/〜だけれども	ryāl	リヤール《モロッコの貨幣単位》
ṣərrəf	両替する		
wərqa(wrāq)	紙幣		

第21課　ḍ-ḍərṣ wāḥəd w-ʻəšrīn
動詞の未来形:「〜しよう」・「〜するだろう」

1　fīn ġādi nta?

2　ġādi lə-mdīna

3　fīn ġādya nti?

4　ġādya l-utīl bāš nṭəyyəb

5　fīn ġādyīn ntūma?

6　ḥna ġādyīn l-mərṣa bāš nxədmu təmma

7　wāš ġādi-tšūf ṃṃək ġədda?

8　la, ġādi-nšūfha bəʻd ġədda

9　dəġya ġādi-ṭṭīḥ š-šta, ḥīt l-ḥāl bda yəḍlam

10　škūn ġādi-ytəṛžəm-li l-xəṭba dyālu?

11　hād ž-žūž də-d-drāri ġa-ytṛəžmūha-līk

12　ʻlāš ma-bġīti-š tqəddəm mṛātək-līyya?

13　ma-txāf-š, ġādi-nqəddəmha-līk mnīn təbda l-ḥəfla

14　wāš ka-təʻṛəf kīf-āš yəxdəm hād l-mūṭūṛ?

15　ġādi-nwərrīk kīf-āš nxəddmu

16　wāš yəmkən-lək tgūl lə-d-drāri hākda?

17 la, ma-ġādi-š-ngūl-lhum hākda

18 āš mən sā'a wəldīkum ġa-ykūnu 'əndkum?

19 ġādi-ykūnu 'əndna fə-t-təs'ūd

---

1 あなた（男性）はどこへ行きますか
2 町へ行きます
3 あなた（女性）はどこへ行きますか
4 ホテルへ料理を作りに行きます
5 あなたがたはどこへ行きますか
6 我々は（そこで）働くために港へ行きます
7 あなたは明日お母さんに会いに行きますか
8 いいえ，明後日彼女に会いに行きます
9 まもなく雨が降るでしょう，空が暗くなり始めましたから
10 誰が私に彼のスピーチを翻訳してくれるのですか
11 ここにいる二人の少年が（あなたにそれを）翻訳してくれるでしょう
12 なぜ，あなたは私に奥様を紹介してくださらないのですか
13 心配しないでください，パーティーが始まったら（彼女をあなたに）紹介しますよ
14 このモーターはどのように動くか，御存知ですか
15 はい，どのように操作したらよいか教えてあげましょう
16 あなたはこんなことを，子供達に言うことができますか
17 いいえ，（私は彼らに）そんなことを言おうとは思っていませ

ن

18　何時に君たちの両親は戻ってくるのですか
19　9時には我々のもとに戻るでしょう

1　إلى أين ستذهب؟

2　سأذهب ألى المدينة.

3　إلى أين ستذهبين؟

4　سأذهب إلى الفندق لكيْ أطبخ.

5　إلى أين ستذهبون؟

6　سنذهب إلى المرسى لكيْ نعمل.

7　هل ستريْن أمّك غدا؟

8　لا، سأراها بعد غد.

9　هَلُمَّ بسرعة لأنَّ السماء ستُمطر، ولأنَّ الظلام بدأ يسدِل السِتار.

10　مَنْ سيُترجم لي خُطبتَه؟

11　سيترجمها لك هذيْن الولدين.

12　لماذا لا تريد أن تقدِّم لي زوجتك؟

13　لا تخفْ سأقدّمها لك حينما تَبتدأُ الحفلة.

14　هل تعرف كيف يشتغل هذا المُحرِّك؟

15 سأريك كيفيَّة اشتغاله.

16 هل يُمكنك أن تقول للأولاد هكذا؟

17 لا، سوف لا أقول لهم هكذا.

18 في أي ساعة سيكون عندكم والديْكم؟

19 سوف يكونوا عندنا على الساعة التاسعة.

【文法】
1) 未来の事柄に言及した「～に行く」という表現は，主語の男性名詞には gādi, 女性名詞には gādya, 複数名詞には gādyīn を用いる。これら三つは形態的には現在分詞である：
   āna gādi l-mədṛsa「私は学校に行きましょう」
   nti gādya l-sifāṛa?「あなたは大使館に行くのですか」
   gədda ḥna gādyīn l-busṭa「明日我々は郵便局へ行きます」
2) gād あるいは ga は助動詞的に未完了形動詞の前に置かれ未来時制を表す。前出の gādi も同様に助動詞的に用いられて，gād や ga と同じ機能をもつ：
   gād-nəktəb-lha「私は彼女に手紙を書きましょう」
   gādi-nkətbu-lhum「我々は彼らに手紙を書きましょう」

〚文法ワンポイント〛
○ 未来時制の否定表現における接頭辞/š/の位置：
   ma-ġādi-š-ngūl-lhum hākda = ma-ġādi-ngūl-lhum-š hākda
   「私は彼らにそんなことを言おうとは思っていません」

— 130 —

- メリーリャ（Melilla）周辺の東部方言では 未来形の接頭辞 gādi の代わりに māši を使用する。さらにモーリタニアでは lāḥi がこの機能を果たす
- ṭəyyəb「料理する」は古典アラビア語第Ⅱ型「スパイスを加える」からの意味の転用
- 古典アラビア語の maṭar「雨」を用いず，ṭṭīḥ š-šta「雨が落ちる＞降る」（本文9）を用いるのはモロッコ口語独特の表現である
- モロッコ北部では dərri(drāri) の意で 'āyəl('yāl) を用い，その女性形には 'əyla が使用される
- 本文14と15の例からわかるように，第二語根の繰り返しによって（古典アラビア語の第Ⅱ型）一連の動詞は他動詞化して使役の意味をもつ：
    xdəm「機能する」＞ xəddəm「機能させる」
    ＞「操作する」（第23課【文法】参照）

単語

gādi/gādya/gādyīn	行く	qəddəm	紹介する
utīl	ホテル	xāf(yxāf)	恐れる
ṭəyyəb	料理する	ma-txāf-š	心配しなさんな
mərṣa	港	ḥəfla	パーティー/宴会
ṭṭīḥ š-šta	雨が降る	mūṭūṛ	モーター
ḥāl	天候	xəddəm	操作する
bda(yəbda)	始める	hākda	このように/そのように
dlam(yədlam)	暗くなる	wəldīkum	あなたがたの両親
xuṭba(-t)	スピーチ	sifāra	大使館

第22課　ḍ-ḍərṣ tnīn w-'əšrīn
現在完了の概念：
「もう〜した」・「まだ〜していない」

1　wāš 'əmmṛək ma-mšīti lə-ṣ-ṣbānya?

2　la, āna 'əmməṛni ma-wṣəlt l-təmma

3　wāš dərtīw hād l-xədma mən qbəl?

4　la, 'əmməṛna ma-dərnāha

5　fūq-āš žīti lə-hna?

6　'ād wṣəlt

7　wāš nsīti l-adrīsa dyāl dūk n-nās?

8　la, bāqi ma-nsītha

9　wāš lə-'yālāt bāqi ma-səddu l-bībān?

10　'əndək l-ḥəqq, bāqi ma-səddūhum

11　'lāš ma-qṛīti-š hād lə-bṛāwāt?

12　bāqi ma-qṛīthum-š ḥīt kānət fīya sxāna l-bārəḥ

13　'lāš t'əṭṭəlti? 'əmmṛək ma-ka-dži fə-l-wəqt

14　wāš wəždət l-ġda?

15　la, ma-zāl ma-wəždət

16　f-āš ǵādi-nəmšīw ǵədda l-ṭanža?

17　ma-zāl ma-'ṛəfna kīf-āš ǵādi-ndīru nəmšīw

1　あなたはまだスペインへ行ったことがないのですか
2　そうです，私は今までに（そこを）訪問したことがありません
3　あなたがたは，以前この仕事をしたことがありますか
4　いいえ，一度もありません
5　いつあなたはこちらへいらっしゃいましたか
6　今到着したばかりです
7　あの人たちの住所を，あなたは忘れてしまったのですか
8　いいえ，彼らの住所はまだ忘れていません
9　その女の人たちはまだ門を閉めていませんか
10　その通りです，まだ閉めていません
11　なぜあなたは，これらの手紙を読まなかったのですか
12　まだ読んでいないのは昨日は熱があったからです
13　なぜ遅れたのですか，あなたは決して時間に来ませんね
14　昼食は用意できましたか
15　いいえ，まだ用意できていません
16　何に乗って，明日我々はタンジェールに行きましょうか
17　まだどうやって行ったらよいのか，我々にはわかりません

1 هل لم يسبق لك أن زرتَ إسبانيا؟
2 لا، لم أزرْها بعد.
3 هل أنجزتم هذا العمل من قبل؟
4 لا، لم نُنجزْه قط.
5 متى جئتَ إلى هنا؟
6 إنّني حضرت بعد هُنيهة.
7 هل نسيتَ عنوان أُولئك الناس؟
8 لا، لم أنسه بعد.
9 هل لم تغلق النساء الأبواب بعد؟
10 صدقْتَ لم يغلقناها.
11 لماذا لم تقرأ هذه الرسائل؟
12 لم أقرأها بعد لأنَّ الحرارة نزلتْ بي.
13 لماذا تأخَّرتَ؟ ما ثبت أن أتيتَ أبدًا في الوقت.
14 هل أعدَّتْ الغداء؟
15 لا، لم تُعِدَّه.
16 على مَتْنِ ماذا سنذهب غدا إلى الطنجة؟
17 لم نرف بعد كيف يمكننا أن نسافر.

【文法】

1 ）'əmmeṛ +接尾代名詞+過去動詞「かつて〜したことがある」:
   wāš 'əmmeṛkum mšītīw l-təmma?
   　　　「かつてあなたがたはそこに行ったことがありますか」

2 ）'əmmeṛ +接尾代名詞+ ma +過去動詞「まだ〜したことがない」:
   'əmmeṛna ma mšīna l-təmmaʿ
   　　　「我々は今までにそこを訪れたことがない」

3 ）過去動詞+ mən qbəl「もう既に〜した」:
   šəft hād l-film mən qbəl「私は以前この映画を見ました」

4 ）'ād +過去動詞「今〜したばかりだ」:
   （第15課【文法】「近接過去の表現」参照）
   'ād žāw l-žappon「彼らは今日本に到着したばかりです」

5 ）bāqi + ma +過去動詞／ ma-zāl + ma +過去動詞「まだ〜していない」:
   bāqi ma-šəftha「私はまだ彼女に会っていない」
   ma-zāl ma-ža「彼はまだ来ていない」

6 ）過去動詞+ wəlla bāqi「〜しましたか，それともまだですか」:
   wāš klīti wəlla bāqi?
   　　　「あなたはもう食べましたか，それともまだですか」

— 135 —

〖**文法ワンポイント**〗

○ 過去動詞に続く wəlla bāqi は wəlla ma zāl となる場合がある
○ bāqi は bqa(yəbqa)「残る，続く」の現在分詞
○ ʻyālāt は mṛa「婦人」の複数形として，主にモロッコ北部で用いられる
○ tʼəṭṭəl は「遅れる」の意味の自動詞で，他動詞「遅らせる」の意には ʼəṭṭəl を用いる。同様に，wžəd は「用意できている」の意味の自動詞で，他動詞「用意する」の意には wəžžəd を用いる　（第23課【文法】参照）

単語

ṣbānya	スペイン	wžəd	用意できている
ʻyālāt	婦人〈複数〉	wəžžəd	用意する
ʻəndək ḥəqq	ごもっともです（その通りです）	ṭanža	タンジェール《モロッコの地名》
sxāna	熱	film	映画
tʼəṭṭəl	遅れる	wəlla bāqi	それともまだですか

— 136 —

第23課 ḍ-ḍərṣ tlāta w-ʻəšrīn
過去進行形と過去の習慣：
「〜していた」・「〜したものだった」

1 mʻa mən kunti ka-tətkəlləmi mnīn šəftək?

2 kunt ka-nətkəlləm mʻa ʻəmmi

3 āš kān ka-ydīr ḅḅāk mnīn dxəlti l-bītu?

4 kān ka-yəsməʻ ṛ-ṛādīyu

5 fīn kānət ka-təktəb lə-bṛāwāt mnīn šəftiha?

6 kānət ka-təktəbhum fə-s-səfli

7 ʻlāš ṭləbti mən lə-mḥāmi lə-flūs mnīn ža yxəḷḷəṣni

8 ṭləbthum mənnu ʻla ḥaqqāš kunt ka-nəxdəm mʻah
   bəzzāf, bə-l-ḥəqq ma-kān-š yxəḷḷəṣni məzyān

9 šḥāl kān ka-yəswa l-kīlu də-l-bəṣla lli kunti ka-tbīʻha
   fə-š-šhəṛ lli dāz?

10 kunna ka-nbīʻūha f-dāk l-wəqt b-myāt ryāl

11 f-āš mən sāʻa kānət ka-təmši l-l-xədma dyālha ʻām
   l-ūwwəl?

12 ʻām l-ūwwəl kānət ka-təmši l-l-xədma dyālha fə-žwāyəh

s-sətta

13 škūn lli kān ka-yʻāwən wəldīkum mnīn kuntīw ṣġāṛ?

14 ḥətta wāḥəd ma-kān-š ka-yʻāwən wəldīna mnīn kunna ṣġāṛ

15 ma-kunti-š ka-təqdər tətkəlləm l-ʻəṛbiyya, u-ʻlāš?

16 ʻla qībāl ma-kān-š yəmkən-līyya nəqra bəzzāf

---

1 私があなたを見た時，あなたは誰と話していましたか
2 叔父と話していました
3 あなたが部屋に入った時，(あなたの) お父さんは何をしていましたか
4 ラジオを聞いていました
5 あなたが彼女を見た時，彼女はどこで手紙を書いていましたか
6 一階で書いていました
7 その弁護士が私にお金を払いに来た時，あなたはなぜ彼にお金を要求したのですか
8 彼からお金を要求したのは，私が彼のもとでたくさん働いたにもかかわらず，少ししかお金を払ってくれなかったからです
9 先月あなたがたが売っていたタマネギは，一キロあたりいくらでしたか
10 あの頃は100リヤルで売っていたんです
11 彼女は去年 (彼女の) 仕事に何時頃行っていましたか

12　去年は6時頃行っていました
13　あなたがたが小さかった頃，誰が御両親を手伝っていましたか
14　我々が小さい頃は，誰も両親を助けてはくれませんでした
15　あなたはアラビア語を話すことができませんでしたね，なぜですか
16　なぜならば十分に勉強することができませんでしたから

1　مع من كنتِ تتكلَّمين عندما رأيتُكِ؟

2　كنت أتكلَّم مع عمّي.

3　ماذا كان يفعل أبوك عندما دخلتَ غرفته؟

4　كان يسمع الراديو.

5　أين كانت تكتب الرسائل عندما رأيتها؟

6　كانت تكتبها في الطابق السفلي.

7　لماذا طلبتَ من المحامي النقود عندما جاء ليدفع لي أجرتي؟

8　طلبتُها منه لأنَّني كنتُ أعمل معه جيِّدا، ولكنَّه لم يكن يُؤدِّي لي واجبي كما يُرام.

9　كم كان ثمن الكيلو الواحد من البصل الذِّي كنتَ تبيعه في الشهر الماضي؟

10　كنَّا نبيعه في ذلك الوقت بمائة ريالٍ.

11 في أيِّ ساعة كانت تذهب إلى عملها السنة الماضية؟
12 كانت تذهب إلى عملها حوالي الساعة السادسة تقريبًا.
13 من الذي كان يساعد والدَيْكم عندما كنتم صغارًا؟
14 لم يكن يساعدهما أحدٌ عندما كنّا صغارًا.
15 لماذا لم تكن تستطيع الكلام باللغة العربية؟
16 لأنَّه لم يكن ممكنًا لي أن أقرأ باستمرارٍ.

【文法】

1) 他動詞の自動詞化:

C₁vC₂C₂vC₃ 型動詞（古典アラビア語第Ⅱ型動詞）や C₁āC₂əC₃ 型動詞（古典アラビア語第Ⅲ型動詞）に接頭辞 /t-/ を添加した形態は（古典アラビア語第Ⅴ型および第Ⅵ型），意味上は自動詞となる場合がほとんどである

 hərrəs「こわす」　＞　thərrəs「こわれる」
 sāra「散歩させる」＞　tsāra「散歩する」

 hərrəs l-bišklīṭa「彼はその自転車をこわした」
 thərrsət l-bišklīṭa dyāli fə-z-zənqa
 「私の自転車は道でこわれた」

2) 接頭辞 ka の過去時制における機能:

kān ＋ ka ＋未完了形は過去の動作の継続（過去進行形）や過去の習慣を表す

a) 過去進行形：kān ka-yəhḍəṛ bəzzāf
   「彼はたくさん話していた」

b) 過去の習慣：kān ka-yətsāra fə-t-təsʻūd mnīn kān ṣġīṛ
   「彼は小さい頃, 9時に散歩するのが習慣だった」

3) 可能の選択：
ka-yəqḍəṛ ＋動詞未完了形 が継続的な可能を表すのに対し, 接頭辞/ka-/をともなわない場合は状況的可能を表す
   wāš ka-təqḍəṛ džri?「あなたは走ることができますか」
   wāš təqḍəṛ təmši mʻaya?
      「あなたは（今から）私といっしょに行けますか」

4) 能力の表現：
ka-yəʻṛəf ＋動詞未完了形 は能力を表す
   ka-təʻṛəf tətkəlləm l-žapponiyya?
      「あなたは日本語を話すことができますか」
   iyyəh, ka-nəʻṛəf nətkəlləmha
      「はい（それを）話すことができます」

〖**文法ワンポイント**〗
○ モロッコ口語では, 古典アラビア語同様「叔父」,「叔母」の概念は父系, 母系の違いによって区別される：
   ʻəmm「伯父, 叔父（父系）」, ʻəmma「伯母, 叔母（父系）」, xāl「伯父, 叔父（母系）」, xāla「伯母, 叔母（母系）」
○ モロッコ北部では mḥāmi「弁護士」に代わって, 外国語起源

の būgāḍu（フランス語《avocat》, スペイン語《abogado》）が好んで用いられる
○ žwāyəh「～ごろ」の語源は古典アラビア語 {wjh}

単語

tkəlləm(yətkəlləm)	話す	dāz(ydūz)	過ぎる/通過する
dxəl	入る	š-šhəṛ lli dāz	先月
smə'	聞く	žwāyəh	およそ
ṛādīyu	ラジオ	qdəṛ	～できる
səfli	地上階	tsāra(yətsāra)	散歩する
mḥāmi	弁護士	hərrəs	こわす
swa(yəswa)	～の価値がある	thərrəs(yəthərrəs)	こわれる
kīlu	キロ	žra(yəžri)	走る
bəṣla(bṣəl)	タマネギ	žapponiyya	日本語

第24課　d̩-d̩ərs̩ rəbʻa w-ʻəšrīn
他律化構文・関係代名詞の用法

1　wāš ka-yʻəžbək tfīq ṣ-ṣbāḥ bəkri?

2　la, ma-ka-yəʻžəbni-š nfīq ṣ-ṣbāḥ bəkri

3　škūn huwwa r̩-r̩āžəl lli gāləs ḥda dāk s-siyyəd?

4　r̩-r̩āžəl lli gāləs ḥdāh huwwa duktūr̩ fə-l-fəlsāfa

5　təbġīw džīw lə-s-sinima mʻana dāba?

6　la, ma-nəbġīw-š, ḥīt xəṣṣna nqəllbu ʻla ši-d̩wira qr̩ība mən wəs̩t̩ lə-mdīna

7　škūn lli ka-yəthəḷḷa f-wəldīkum dāba?

8　xūya u-xti ka-yəthəḷḷāw fīhum

9　kīf-āš d̩d̩ərrət yəddək?

10　yəddi d̩d̩ərrət f-lə-ksīda lli wəqʻət līyya

11　wāš yʻəžbək hād atay?

12　la, ma-yəʻžəbni-š w-āna bġīt ši-kās āxūr̩ dyāl qəhwa

13　āš gəlti-lu mnīn dxəl lə-l-qəs̩m dyālna?

14　gəlt-lu ġādi nʻərd̩u lə-l-ḥəfla

15　škūn lli gāl-lək āna ʻəs̩kr̩i?

16 dāk būlīsi huwwa lli gāl-li nta ʻəṣkṛi

17 wāš ka-tʻəṛfi l-ʻəṣkəṛ ma-ka-ynəʻsu-š ġīr xəmsa də-s-swāyəʻ fə-n-nhāṛ?

18 hād ši ġrīb ʻlīya, ʼəmməṛni ma-smʻət ši-ḥāža bḥāl hādi

---

1 あなたは朝早く起きるのが好きですか
2 いいえ，朝早く起きるのは好きではありません
3 あの紳士の脇に座っている男の人は誰ですか
4 哲学の教授です
5 今あなたがたは映画館に，私たちといっしょに来たいですか
6 いいえ，なぜならば私たちは町の中心に近い場所に，どこかアパートを探さなければならないからです
7 誰が今あなたがたの両親の世話をしていますか
8 兄と姉が世話をしています
9 あなたはどうして手をけがしたのですか
10 （私に起こった）事故で手をけがしました
11 あなたはこのお茶が好きですか
12 いいえ，好きではありません，どちらかというともう一杯コーヒが欲しいです
13 彼が我々の教室に入ってきた時，あなたは彼に何を言いましたか
14 パーティーに来てくれるように言いました（彼をパーティーに招く）

15 誰があなたに，私が軍人であることを伝えましたか
16 あの警察官があなたが軍人であることを，私に教えてくれました
17 軍人たちは一日5時間しか眠らないことを，あなたは御存知ですか
18 それは私にとって驚きです，今までにそのようなことを聞いたことはありませんから

---

1 هل يُعجبك أن تستيقظ مبكّرًا؟

2 لا، لا يُعجبني أن أستيقظ مبكرا.

3 من هو الرجل الجالس بجانب ذلك الإنسان؟

4 إنّه دكتورٌ في الفلسفة.

5 هل تفضّلون المجيء معنا الآن إلى السينما؟

6 لا يمكن لنا، لأنّنا نبحث عن كراء منذل قريب من وسط المدينة.

7 من هو الذّي يهتمّ بوالديْكم الآن؟

8 أخي وأختي.

9 كيف أُصيبتْ يدك؟

10 أصيبت في الحادثة التّي وقعت لي.

11 هل أعجبك هذا الشاي؟

12. لا، لا يُعجبني، وأنا أفضِّل كأسا آخَر من القهوة.
13. ماذا قلتَ له عندما دخل فصلنا؟
14. قلتُ له سوف أدعوه إلى الحفلة.
15. من الذّي قال لك إنَّني عسكريٌّ؟
16. قالها لي ذلك الشرطي.
17. ألا تعلمين أنَّ العساكر لا ينامون إلاّ خمس ساعات في اليوم؟
18. هذا غريبٌ بنسبة لي، ما سمعتُ مثله قطّ.

【文法】

1) 古典アラビア語同様，自動詞 'žəb による他律化構文を用いて「～が好きである」，「～が気に入っている」の概念を表すことができる：

hād ši ka-yəʻžəbni bəzzāf「私はこれが大好きだ」

さらに bġa 同様，ka-yəʻžəb＋接尾代名詞の後に動詞の未完了形を置くことで「～することが好きだ」の意となる：

ka-yəʻžəbni nətsāra「私は散歩することが好きだ」

また過去動詞 'žəb は現在分詞（男性形および女性形）の形態でよく用いられる：

hād ẓ-ẓərbiyya 'āžbani bəzzāf
  「私はこのジュータンが大変気に入っている」

2) 関係代名詞 lli の用法

lli は単数,複数を問わずすべての物,人物に使用され無変化である

a) 限定された名詞とともに：
主格： hādi hiyya l-bənt lli tāḥət fə-z-zənqa
「これが道でころんだ少女です」
目的格： hāda huwwa ṛ-ṛāžəl lli ḍəṛbət ṭ-ṭumubil
「これが車にひかれた男です」
所有格： hādi hiyya l-bənt lli bḅāha māt
「これがお父さんに死なれた少女です」
前置詞の目的語： hādi hiyya l-bənt lli hḍəṛt m'aha
「これが私が話していた少女です」

b) 「(～する) もの,こと」(英語の what) に対応する lli：
klīt lli kān təmma 「私はそこにあったものを食べた」

〚文法ワンポイント〛

○ モロッコ口語は古典アラビア語と異なり,先行詞が目的格の場合でも代名詞としての繰り返しがないため,一つのセンテンスが二つの意味をもつことがある：
hāda huwwa ṛ-ṛāžəl lli ḍṛəb xūya
「これが私の兄を殴った男です」
「これが私の兄が殴った男です」

○ 規則動詞の未完了形 yəC1C2əC3 に接尾代名詞の二人称単数形

- /-ək/が添加する際，母音＋子音＋母音の並びを避けるため，未完了形は yC1əC2C3 となる：yʻəžbək
- ḍwiṛa「アパート」は形態的には ḍāṛ「家」の縮小辞。北部では「アパート」の意にフランス語《appartement》からの借用語 baṛṭmənをしばしば用いる
- /ḍ-/で始まる他動詞の自動詞化には，接頭辞/t-/の代わりに/ḍ-/を用いる：
    ḍḍəṛṛət「けがをする」(三人称女性単数)
    </t/＋dəṛṛət「けがをさせる」

単語

ʻžəb(yəʻžəb)	～が好き	ḍḍəṛṛ(yəḍḍəṛṛ)	けがをする
siyyəd(sādāt)	紳士	ksīda	事故
duktūṛ	博士/教授	wqəʻ	起こる/生じる
fəlsāfa	哲学	qəṣm	教室
qəlləb ʻla	～を探す	ʻṛəḍ	招待する/招く
ši	ある	ʻəṣkṛi(ʻṣākəṛ)	軍人
ḍwiṛa	アパート	būlīsi	警察官
wəṣṭ	中心	sāʻa(swāyəʻ)	時間
thəḷḷa(yəthəḷḷa) f/fə		ġrīb	驚くべき(こと)
～の世話をする			

— 148 —

第25課 d-dərs xəmsa w-'əšrīn
願望の表現 II：「～する気がない」・物事のやりとりの決まり文句

1 āš dərti hād ṣ-ṣbāḥ?
2 mšīt nəqṛa fə-l-məktaba, bə-l-ḥəqq žbərtha məsdūda
3 ʻlāš ma-žīti-š təhḍəṛ mʻana l-bārəḥ fə-l-līl?
4 ʻla ḥəqqāš kunt məʻṛūḍ l-ʻəṛs dyāl ṣ-ṣāḥbi
5 sāʻt-āš bdīti ka-twəžžədi lə-qṛāya dyālək?
6 bdīt ka-nwəžžəd lə-qṛāya dyāli hādi wāḥəd šwiyya
7 wāš ma-fīk ma tqəṛṛīna l-yūm?
8 āna ʻəyyān mʻa ṛāṣi, ma-fīya ma nqəṛṛi ši-wāḥəd
9 aṛa-li ʻāfək l-kənnāš lli xəllīt-lək dāk n-nhāṛ
10 hāk l-kənnāš dyālək, sāməḥ-li
11 ḷḷāh ysāməḥ

---

1 今日の朝，あなたは何をしましたか
2 勉強しに図書館へ出かけましたが，閉まっていました
3 なぜ昨日の晩は我々と話をしに来なかったのですか

4 友人の結婚式に招かれていたからです
5 あなたは何時に勉強の準備を始めたのですか
6 勉強の準備を始めたのは少し前です
7 今日あなたは我々に，勉強を教えてくれる気がないのですか
8 私は本当に疲れています，誰にも勉強など教える気にはなれません
9 すみません，先日あなたに貸したノートを返してください
10 はい，あなたのノートはここにあります，ごめんなさい
11 気になさらないでください（神があなたを許します）

---

1 ماذا فعلت هذا الصباح؟

2 ذهبتُ إلى المكتبة لكيْ أدرس، ولكنّني وجدتُها مغلقة.

3 لماذا لم تأتِ لكي تتكلّم معنا ليلة أمس؟

4 لم آتِ لأنّني كنتُ مدعوًّا لعرس صديقي.

5 في أي ساعة بدأتِ تُحضِّرين دروسكِ؟

6 بدأتُ أحضِّرها منذ قليل.

7 هل لستَ مستعدًّا لتعليمنا هذا اليوم؟

8 أنا تعبان، لستُ مستعدًّا لتعليم أيٍّ كان.

9 ناولْني من فضلك الدفتر الذّي أعطيتُه إياك ذاك اليوم.

10 خذْ دفترك واسمحْ لي من فضلك.

11 اللّه يسامحك.

【文法】

1) 願望の否定の表現「～する気がない」には，否定の副詞 ma および関係代名詞 ma を用いる。この構文に用いる動詞未完了形は通常，接尾代名詞の人称と一致するが，三人称男性単数形を使用することもある：

　　ma + fi + 接尾代名詞 + ma + 動詞未完了形
　　ma-fīya ma nākul / ma-fīya ma yākul
　　　　「私は食べる気になれない」

2) モロッコ口語では一連の接辞の独特な機能によって，物事のやり取りの際の会話を成立させている

　a) 相手にものを要求する場合
　　aṛa（男性に対して）／ aṛay（女性に対して）／ aṛāw（複数の人に対して）：
　　aṛa-li dāk lə-ktāb / aṛay-li dāk lə-ktāb /
　　aṛāw-li dāk lə-ktāb「私にその本をください」

　b) 相手にものをわたす場合
　　hāk（男性に対して）／ hāki （女性に対して）／ hāku（複数の人に対して）：
　　hāk lə-ktāb / hāki lə-ktāb / hāku lə-ktāb
　　　　「はいどうぞ，本です」

― 151 ―

3) 従来は「頭」を意味する r̥āṣ は，他の語句との組み合わせで様々な意味をもつ：

a) r̥āṣ ＋接尾代名詞＝再帰化
   qtəl r̥-r̥āžəl r̥āṣū「その男は自殺した」

b) b ＋ r̥āṣ ＋接尾代名詞＝「自身で」
   xəṣṣək təmši b-r̥āṣək「君は一人で行くべきだ」

c) m'a ＋ r̥āṣ ＋接尾代名詞＝強調
   āna 'əyyān m'a r̥āṣi「私は本当に疲れています」

〚文法ワンポイント〛
○ 願望の否定の表現において，/-š/ が文中や文末に挿入される場合がある：

   ma-fīya ma nākul
     ＝ ma-fīya-š ma nākul / ma-fīya ma nākul-š
   「私は食べる気になれない」

単語

mə'rūḍ	招かれている	hāk	はいここにあります
'ərs	結婚式	sāməḥ-li	すみません／ごめんなさい
sā't-āš	何時に		
qrāya	勉強	ḷḷāh ysāməḥ	〈返答〉気になさらないで下さい(神は許す)
hādi wāḥəd šwiyya	少し前（に）		
qərra(yqərri)	(勉強を)教える	r̥āṣ	頭
ara-li	私にください		

第26課　ḍ-ḍərṣ sətta w-'əšrīn
時刻の経過・動作の継続：「～して～になる」

1　šḥāl bāqi də-l-wəqt bāš təbda l-ḥəfla?

2　bəllāti, ġādi-təbda mən dāba šwiyya

3　šḥāl hādi u-nta ka-tətsənna ṣḥābək?

4　hādi sā'a w-āna ka-nətsənnāhum

5　šḥāl hādi bāš šəftīw l-kuzzīni?

6　hādi ši-'ām bāš šəfnāh

7　šḥāl hādi bāš kunti ka-təxdəm 'əndhum?

8　kunt ka-nəxdəm təmma hādi 'āmayn

9　nūḍi a bənti!

10　āna bġīt nəbqa nā'sa ktəṛ mən hād ši

11　īwa, nti mə'gāza, yaḷḷāh nətsārāw, ma-'əndna la ṭūmūbil wəlla bišklīṭa

---

1　パーティーが始まるまでに，どのくらい時間がありますか

2　ちょっと待って，もうすぐ始まりますから

3　あなたは友人を，どのくらいの間待っているのですか

4 彼らを待ってもう一時間になります
5 あなたがたがそのコックに会って以来，もうどのくらいになりますか
6 我々が彼に会って以来，約一年が経ちました
7 あなたが彼らのもとで働いて以来，もうどのくらいになりますか
8 私はもうそこで二年働いています
9 我が娘よ起きなさい！
10 もっと寝ていたいんだけれど！
11 だからおまえは怠け者なんだ，さあ歩いて散歩に行こう，我々には車も自転車もないんだから

---

1 كم بقِيَ من الوقت لبداية الحفلة؟
2 إنتظرْ، ستبدأ بعد قليل.
3 منذ متى تنتظر أصدقاءك؟
4 أنتظرهم منذ ساعة.
5 منذ متى رأيتم الطّباخ؟
6 رأيناه منذ سنة واحدة تقريبا.
7 منذ متى كنتَ تعمل عندهم؟
8 كنتُ أعمل عندهم منذ سنتيْن تقريبا.
9 قومي يا ابنتي!

10 أفضِّل أن أبقى نائمةً أكثر من هذا.

11 إذن أنتِ كسولة. هيَّا بنا فلْنتفسَّح، لا نَمْلك لا سيّارةً ولا درَّاجة.

【文法】

1) 今後の時間経過:

「〜までどのくらいの時間がある」šḥāl bāqi də-l-wəqt bāš + 節
šḥāl bāqi də-l-wəqt bāš təbda l-ḥəfla?
「パーティーが始まるまでにどのくらい時間がありますか」

2) 現在までの動作の継続:

「〜してどのくらいになる」šḥāl hādi u + 節
šḥāl hādi u-nta ka-təxdəm hna?
「ここで働いてどのくらいになりますか」

3) 現在までの時間の経過:

a) 「〜した時から〜が経過した」hādi + 期間 + bāš + 節
hādi sətta snīn bāš māt
「彼が死んでもう6年が経過した」

b) 「〜以来〜していない」ma + 節 + hādi + 期間
ma-šəftha-š hādi sətta snīn
「もう6年間私は彼女に会っていない」

〖**文法ワンポイント**〗

○ bəllāti「ちょっと待って」は本来は副詞で,「ゆっくりと」の意味がある

○ nəbqa nā'sa「眠り続ける」の形態は, 未完了形 + 現在分詞であるが, bqa にはそのまま動詞現在形を後続させることが可能:

  bqa ka-yəktəb-lha mudda ṭwīla

  「彼は彼女に長い間手紙を書き続けた」

単語

bəllāti	ちょっと待ってください	məʻgāz/məʻgāza	怠惰な
tsənna(yətsənna)	待つ	yaḷḷa	～しよう
ʻāmayn	二年間	la……wəlla……	～(で)も～(で)もない
nā'əs/nā'sa	眠っている	mudda	期間

第27課　ḍ-ḍərṣ səb'a w-'əšrīn
仮定の表現:「もし〜なら」・
関係代名詞の省略と不定名詞

1 mūsa kān ka-yqəlləb 'līk l-bārəḥ w-gāl-li ġa-yərže'
   l-yūm

2 'la kulli ḥāl, ila səwwəl 'līya, gūl-lu āna mrīḍ

3 ila bġīti ddīri hād l-xədma bla-bīya, yaḷḷa wərrīni
   ḥənnət yəddək!

4 ila ma-bġīti-š txəṣri fə-l-imtiḥān, xəṣṣək təqray ktər
   mən hād ši

5 wālāyənni ma-fīya ma nəqra, lu-kūn fīya ma nəqra
   kūn qrīt šḥāl hādi

6 'lāš žīti m'əṭṭəl l-bārəḥ w-xəllītīni ka-nətsənna bəzzāf?

7 sməḥ-li, ma-ġādi-š n'əwwəd xəṭra xra, lu-kūn kānu
   'əndi ž-žənḥīn kūn ṭərt bḥāl ṭ-ṭyūṛ

8 āš ka-ddīr dāba? wāš bġīti ši-ḥāža?

9 ka-nḍuwwəṛ 'la ši-ḍwa yənfə'ni, ḥīt hādi ṣəmāna
   u-ḥrīq fə-ṛ-ṛāṣi

10 wāš bġīti ddžuwwəž b-ši-bənt ykūn ḥḅāha tāžər?

11 la, bġīt ndžuwwəž b-ši-bənt lli bġītha āna! āna ḥuṛṛ

---

1 ムーサーが昨日あなたを探していました,そして今日再び来ると私に言いました

2 いずれにせよ彼が私のことをたずねたら,病気だと言ってください

3 もしこの仕事を私の助けなしでやりたいというのなら,さあ,あなたの力を見せてもらいましょう

4 もし試験で失敗したくなかったら,あなたはもっと勉強しなければなりません

5 だけど私には勉強する気がないんです,もし勉強する気があるならもうとっくにはじめてますよ

6 なぜあなたは昨日遅れて来て,私を長い間待たせたのですか

7 ごめんなさい,もう二度と繰り返しませんから,もし私に翼があったら鳥のように飛んで行けたのですが

8 あなたは今何をしていますか,何か欲しいのですか

9 よく効く薬を探しているんです,一週間ほど前から頭痛がするものですから

10 あなたは,父親が金持ちの娘と結婚したいと思っているのですか

11 いいえ,わたし自身が好きな娘と結婚したいのです,私は自由ですから

1 كان يبحث عنك موسى أمس وقال لي سيرجع اليوم.
2 على كلّ حال إذا سأل عليَّ قلْ له أنّني مريض.
3 إذا أردتِ انجازَ عملكِ بدوني هيّا اثبتي لي قدرتك!
4 إذا أردتِ ألاّ تفشلي في الإمتحان يجب عليكِ أن تدرسي أكثر.
5 ولكن لا استعدادَ لي على الدراسة ولو كان لديَّ استعداد على الدراسة لَدرستُ منذ زمان.
6 لماذا جئتَ متأخِّرًا أمس وتركتَني انتظرك لمدة طويلة؟
7 إسمحْ لي سوف لنْ أعيدَها مرة أُخرى ولو كان لديَّ جناحان لطرتُ مثل الطيور.
8 ماذا تفعل الآن؟ تريد شيئا؟
9 أبحث عن دواءٍ يصلح لي لأنني أشعر منذ أسبوع بألمٍ في رأسي.
10 هل تريد أن تتزوَّج ببنتٍ يكون أبوها غنيًّا؟
11 لا، أريد أن أتزوَّج ببنتٍ أحِبّها فأنا حُرٌّ.

【文法】

1) 仮定の表現

a) 現実に起こりえる事柄に言及する際，仮定節に「ila＋過去動詞」を用いる：

ila bġīti dži m'aya xəṣṣək tkəmməl hād ši dāba

「もし私といっしょに来たいなら，
　　あなたは今これを終えなければなりません」

b) 非現実的な事柄に言及する際，仮定節および主節に「lu-kūn＋過去動詞」を用いる：

lu-kūn žīti lu-kūn mšīt m'ak
「もしあなたが来ていれば，いっしょにに出かけたのですが」

2) 関係代名詞の省略と不定名詞

関係代名詞 lli の使用は名詞が限定されている際に限られ，不定名詞とともに関係代名詞は用いられない：

ka-nḍuwwəṛ 'la ši-wāḥəd yəmši m'aya
「私といっしょに来てくれる人を探しています」

〖文法ワンポイント〗

○ 仮定節 lu-kūn…… 主節 kūn は，時には lu なしで kūn…….kūn として用いられる（時には両方に lu を用いて lu-kūn……lu-kūn とすることもある）

○ ḥənnət yəddək：「ヘンナ」はモロッコなどで女性が手や顔など身体の装飾のために用いる塗料，ここでは「あなたの力，能力」の意：ḥənnət ＜ ḥənna（第4課〖文法ワンポイント〗参照）

○ ḥṛīq「頭痛」は古典アラビア語 ḥarīq「火，火事」からの意味的派生〔cf. 燃える ḥṛəq〕

○ ddžuwwəž「あなたは結婚する」は žuwwəž「結婚させる」に

− 160 −

他動詞化の/t/と二人称未完了形の/t/が前置され, /ž/による
有声化で/dd-/となった形態
○ 前置詞 bla と接尾代名詞との組み合わせの際には, 接中辞的に
前置詞 b(bi) を挿入する (本文3参照)

単数形	複数形
彼なしに bla-bīh	彼らなしに 彼女たちなしに bla-bīhum
彼女なしに bla-bīha	
あなたなしに bla-bīk	あなたがたなしに bla-bīkum
私なしに bla-bīya	我々なしに bla-bīna

単語

'la kulli ḥāl	いずれにせよ	šḥāl hādi	かなり前に
ila	もし	sməḥ-li	私を許してください
suwwəl 'la	(〜について)たずねる	'əwwəd	繰り返す
bla-bīya	私なしで	xəṭra xṛa	もう一度
ḥənnət	ヘンナ	žənḥīn	二つの翼
xṣəṛ f/fə	〜に失敗する	ṭāṛ(yṭīṛ)	飛ぶ
imtiḥān	試験	ṭīṛ(ṭyūṛ)	鳥
lu-kūn.......lu-kūn	もし〜なら〜だ	ḍuwwəṛ 'la	探す

nfəʻ	効く	kān(ykūn)	～である
ḫrīq	頭痛	tāžər/tāžra	金持ち
džuwwəž b/bə	結婚する	ḥurṛ	自由

第28課 ḍ-ḍərṣ tmənya w-ʻəšrīn
目的格補語・知覚動詞と情報の動詞

1 wāš hād lə-bṛa məktūba b-nəgliziyya?

2 la, hādi məktūba bə-ṭ-ṭalyaniyya

3 kīf-āš žbəṛti bītək mnīn dxəlti?

4 žbəṛtu mwəssəx w-məqlūb, ka-nḍənn kān fīh ši-wāḥəd mən qbəl šwiyya, wāqila

5 xti məġənniyya, wāš smaʻtiha ka-tġənni?

6 la, ʻəmməṛni ma-smə'tha ka-tġənni mən qbəl

7 žbəṛtək l-bāṛəḥ ka-tətkəlləm mʻa wāḥəd-l-bənt fə-z-zənqa. škūn hiyya?

8 īwa, māši šəġlək, dxəl f-sūq ṛāṣək!

9 īwa, āna ṣāḥbək, ila hḍəṛti mʻaya hākka ġa-nəġḍəb

10 la, āna ma-bġītək-š təġḍəb, w-ġa-ngūl-lək dāba mʻa mən hḍəṛt

11 āš ḥəbb l-xāṭəṛ?

12 āna məḥtāž ġīr šwiyya də-l-flūs

13 hāk, māši xṣāṛa fīk, rəžžəʻhum-līyya fūq-āš ma bġīti

— 163 —

14 wāš smə'ti l-bənt dyālha ġəṛqət fə-l-wād?

15 iyyəh, smə'tha ġəṛqət fīh hādi xəmsa də-s-swāyə'

---

1 この手紙は英語で書かれているのですか
2 いいえ，これはイタリア語で書かれています
3 あなたが入った時，部屋はどんな状態でしたか
4 汚くてめちゃくちゃでしたよ，少し前まで部屋には誰かいたんだと思います，たぶん
5 姉は歌手です，彼女が歌うのをあなたは聞いたことがありますか
6 いいえ，彼女が歌うのをまだ一度も聞いたことがありません
7 昨日あなたが，道で一人の女の子と話しているところを見つけました，彼女は誰ですか
8 でも，あなたには関係ないじゃないですか，干渉しないでくださいよ
9 でも，私はあなたの友達じゃないですか，私にそんなふうに言うのなら怒りますよ
10 いいえ，あなたを怒らせたくはありません，では，誰と話していたか言いましょう
11 何かお望みですか（もし私にできることがあれば言ってください）
12 ちょっとお金が必要なんです
13 はいどうぞ，遠慮なく持っていってください，いつでも好きな

ときに返していただければ結構です
14 彼女の娘さんが川で溺れたという知らせを聞きましたか
15 はい，彼女が5時間前に溺れたことを知らされました

---

1 هل هذه الرسالة مكتوبة بالإنجليزيّة؟

2 لا، هذه مكتوبة بالإيطاليّة.

3 كيف وجدتَ غرفتك عندما دخلتها؟

4 وجدتها وسخة ومُبَعْثَرة، ربّما أظنّ أنّ أحدا كان موجودا فيها بعد حينٍ.

5 أختي مغنّيّة، هل سمعتها من قبل تُغنّي؟

6 لا، لم أسمعْها أبدا.

7 وجدتُك أمس تتكلَّم مع فتاة في الشارع فمَنْ تكون؟

8 هذا لا يهمُّك، إهتمْ بشؤُونك!

9 أنا صديقك وإذا تكلَّمتَ معي هكذا فسأغضب.

10 لا، أنا لا أريد أن تغضب و الآن سأقول لك مع من كنتُ أتكلَّم.

11 ماذا تلتمس منِّي؟

12 لا، أنا محتاجٌ فقط لبعض النقود.

13 خذها أنت تستحقُّها، تستطيع أن تعيدها لي ايّ وقت تشاء.

14 هل سمعتَ أنَّ بنتها قد غرقتْ في النهر؟

15 نعم، سمعتُ أنَّها غرقت منذ خمس ساعات.

【文法】

1) 目的格補語「誰々に〜して欲しい」

主語 +bġa+ 接尾代名詞 + 従属節：

bġītu yži「私は彼に来て欲しい」

a) 目的格補語と知覚動詞「誰々が〜したのを見た／聞いた」

主語 + 知覚動詞（smə'「聞く」, šāf「見る」, žbaṛ「発見する」etc.) + 目的語 + 補語：

smə'nāh ka-yġənni「我々は彼が歌っているのを聞いた」

šəfnāha ka-təktəb lə-bṛa

「我々は彼女が手紙を書いているのを見た」

b) 目的格補語と情報の動詞「誰々が〜したのを知っている」

主語 + 情報の動詞（'ṛəf「知っている」, smə'「聞いている」etc.) + 目的語 + 補語：

wāš ka-tə'ṛəfha tətkəlləm n-nəgliziyya?

「彼女が英語を話すことを知っていますか」

smə'nāh ka-yġənni

「我々は彼が歌っているということを耳にした」

2) 関係代名詞 ma の用法：「〜（の所は）どこでも」,「〜（の時は）いつでも」etc.

aži 'əndna fuq-āš ma ykūn 'əndək l-wəqt!
「時間がある時はいつでも,我々のところにおいでください」

ma-tənsāni-š fīn-ma kunti!
「どこにいようとも,私のことは忘れないでくださいね」

dīr kīf-āš ma bġīti!
「あなたの好きなようにしてください」

yəmkən-lək tākul šnu-ma kāyən!
「あるものは何でも食べてください」

〚文法ワンポイント〛

○ nəglīza「英語」をモロッコ口語特有の語彙とすれば,nəgliziyya は古典アラビア語 'inklīziyya の影響を被った中間的語彙形態

○ dxəl f-sūq ṛāṣək! に対して ddīha f-ṛāṣək!「それをあなたの頭に運べ」(< dda) という言い方もある

○ hākka「そのように」は hākkak, hākdāk などのバリアントをもつ

○ āš ḥəbb l-xāṭəṛ? は相手の希望をたずねる表現で,時には āš bġa l-xāṭəṛ? や āš ža 'la xāṭṛək? も使われる。直訳は「感情は何を望んでいるか」

○ məḥtāž は第Ⅷ型動詞の過去分詞(第30課【文法】「過去分詞の形態」参照)

○ māši xṣāṛa fīk は相手に気持ちよく物を差し出すときの表現で,直訳は「あなたには損失はない」

単語

məktūb	書かれた
nəgliziyya	英語
ṭalyaniyya	イタリア語
məqlūb	ひっくり返った
ḍənn(yḍənn)	考える/思う
wāqila	多分
məġənni/məġənniyya	歌手
ġənna(yġənni)	歌う
šġəl	関心事
sūq ṛāṣək	あなた自身の関心事
hākka	そのように
ġḍəb	怒る
ḥəbb(yḥəbb)	望む
xāṭəṛ	感情
məḥtāž	～が必要
xṣāṛa	損失
fūq-āš ma bġīti	いつでも好きな時に
gṛəq	溺れる

第29課 ḍ-dərṣ təsʻūd w-ʻəšrīn
他動詞の自動詞化・受身と相互

1 wāš ka-təfhəm le-fṛanṣawiyya?

2 iyyəh, ka-nəfhəmha məzyān

3 xəṣṣu yətfāhəm mʻa ustādu w-ḥətta nta xəṣṣək tətfāhəm mʻa ustādək

4 ʻlāš hərrəsti l-bāb?

5 hərrəstu bāš nədxəl mənnu lə-ḍ-ḍāṛ

6 kīf-āš thərrəs l-kās mnīn dərtīh ʻla ṭ-ṭəbḷa?

7 ṭāḥ mənha u-thərrəs dəġya

8 bə-šḥāl bġīti təkri hād ḍ-ḍāṛ?

9 ma-yəmkən-li-š nxəḷḷəṣ ktər mən āləf dərhəm fə-š-šhəṛ

10 bə-šḥāl ka-ttəkra hād ḍ-ḍāṛ?

11 hād ḍ-ḍāṛ ka-ttəkra b-āləf dərhəm fə-š-šhəṛ

12 wāš ṭ-ṭumubil dyāłək tṣuwwbət wəlla bāqi?

13 īwa, xəṣṣna nṣuwwbūha mən dāba žūž də-s-swayəʻ qbəl lə-ʻšīya

14 ʻlāš l-būlīsi tḷəq dāk š-šəffāṛ?

15 la, l-būlīsi ma-ṭḷqu-š ġīr š-šəffāṛ tfəkk mənnu
bə-z-zərba

---

1 あなたはフランス語が理解できますか
2 はい、よく理解できます
3 彼は彼の先生と互いに理解しあわなければならないし、君もまた君の先生と理解しあわなければならない
4 なぜ君はドアーを壊したのですか
5 家に入るために(それを)壊したのです
6 あなたがそのコップを机の上に置いた時、どのように壊れてしまったのですか
7 机から落ちて、あっという間に壊れました
8 いくらでこの家を借りたいのですか
9 私は一カ月に千ディルハム以上払うことはできません
10 この家はいくらで賃貸しされているのですか
11 この家は月千ディルハムで貸されています
12 あなたの車はもう直りましたか、それともまだですか
13 そうですね、我々は今から2時間以内に修理しなくてはなりません、夕方になる前に
14 なぜ警察官はその泥棒を釈放したのですか
15 いいえ、釈放した訳ではありません、泥棒が突然逃げてしまっただけですよ

1 هل تفهم اللغة الفرنسية؟
2 نعم، أفهمها جيِّدا.
3 يجب عليه أن يتفاهم مع أستاذه كما يجب عليك ايضًا أن تتفاهم مع أستاذك.
4 لماذا كسَّرتَ الباب؟
5 كسَّرتُه لكي أدخل إلى المنزل.
6 كيف تكسَّر الكوب عندما وضعتَه على المائدة؟
7 سقط منها وتكسَّر حالا.
8 بكم تريد أن تستأجر هذا المنزل؟
9 لا أستطيع أن أدفع أكثر من ألف درهمٍ في الشهر.
10 بكم تُؤْجَر هذه الدار؟
11 تؤجر هذه الدار بألف درهم في الشهر.
12 هل صَلُحَتْ سيَّارتك أم لا؟
13 أجل يجب أن نصلحها ساعتَيْن قبل المساء.
14 لماذا أطلق الشرطيّ ذلك السارق؟
15 لا، لم يطلقْه لكنَّ السارق إنفرت منه بسرعة.

【文法】

1) 他動詞の自動詞化：

モロッコ口語のきわだった特徴として，規則動詞 $C_1C_2\partial C_3$ の形態をもつ他動詞のなかには，接頭辞/t-/（あるいは/ttə-/）によって受動態（時には中相態）となるものがある

 ktəb「書く」 > ttəktəb「書かれる，書ける」
 sədd「閉める」 > tsədd「閉められる，閉まる」
 šāf「見る」 > tšāf「見られる，見える」
 šra「買う」 > ttəšra「買われる，買える」
 kra「借りる」 > ttəkra「貸される，借りられる」
 fəkk「解放する」 > tfəkk「解放される，自由になる」

2) $C_1\bar{a}C_2\partial C_3$ に接頭辞/t-/を添加した $tC_1\bar{a}C_2\partial C_3$（古典アラビア語第Ⅵ型）は動作の結果に言及し，時には「相互」の意味をもつことがある：

 fhəm「理解する」> tfāhəm「お互いに理解する」

〖文法ワンポイント〗

○ ttəkra のように/ttə-/で始まる過去動詞の未完了形では，三人称単数女性や二人称の人称接尾辞/tə/は消失する：

 ka-təttəkra > ka-ttəkra「賃貸しされる」

なお，古典アラビア語では kariya の第Ⅳ型に「賃貸しする，賃借りする」の意味がある

単語

fhəm	理解する	tṣuwwəḍ	直る
tfāhəm m'a	～と互いに理解しあう	ṣuwwəb	直す/修理する
ustād(asātida)	教授	tḷəq	釈放する
kra(yəkri)	借りる	ġīr	単に
ttəkra	貸される	tfəkk mən	～から逃れる

第30課 ḍ-ḍəṛṣ tlātīn
動詞の派生形：接中辞と接頭辞・過去分詞の形態

1 škūn fīkum ka-yəḥtəmm bə-t-tāṛīx dyāl ž-žappon?
2 dāk l-ustād l-məṛṛākši huwwa lli ka-yəḥtəmm bīh
3 āš ka-ddīru mən bəʿd ma tətsārāw?
4 ġādi ngəlsu fə-l-qəhwa ḥda ž-žāmiʿa bāš nəṛtāḥu šwiyya
5 kīf-āš ka-yətgāl hād ši bə-d-dāṛīža?
6 sməḥ-li, ma-ʿṛəft-š, bəllāti, ġādi-nṣəqṣīh kīf-āš ka-yətgāl
7 wāš ka-təḥtāṛmu ṛ-ṛaʾīs dyālkum?
8 iyyəh, ka-nəḥtāṛmūh kullna bəzzāf
9 bāqi ma žbəṛtīw ši-ḍwiṛṛa f-dāk l-mūḍəʿ?
10 ma-zāl ma žbəṛna wālu wāxxa ḍuwwəṛna ʿlīha n-nhāṛ kullu
11 wāxxa l-bənt tkūn tāžra ma-ndžuwwəž bīha
12 f-ayy mdīna xlāqīti?
13 xlāqīt f-ṭūkīu w-mən bəʿd mšīt mən təmma u-skənt

fə-ṣ-ṣbānya

14 āš kunti ka-ddīr fə-ṣ-ṣbānya?

15 kunt təmma ši-xəms snīn u-txərrəžt mən l-kulliyya də-l-adəb

16 īwa 'la ma ka-yəḍhəṛ ka-t'əžbək ṣ-ṣbānya

---

1 あなたがたのうちどなたが日本の歴史に興味がありますか
2 あのマラーケシュ出身の教授が（それに）興味をもっています
3 散歩をした後であなたがたは何をしますか
4 大学の脇にあるコーヒー店に座り、少し休憩したいと思っています
5 これはモロッコ口語で何と言いますか
6 すみませんが私にはわかりません、ちょっと待ってください、どう言うのか彼に質問してみますから
7 あなたがたは（あなたがたの）大統領を尊敬していますか
8 はい、我々は皆大統領をたいへん尊敬しています
9 あの地域にあなたがたは、まだアパートをみつけられませんか
10 まったくみつけることができないのです、一日中いっしょうけんめいアパートを探したのですが
11 その娘がいかに金持ちであろうとも、彼女とは結婚する気はありません
12 あなたはどこの町で生まれたのですか

13 東京で生まれ，後にそこを離れてスペインに住みました
14 スペインでは何をしていたのですか
15 5年間ほど滞在しまして，文学部を卒業しました
16 なるほど，お見うけしたところスペインがお好きのようですね

---

1 مَنْ فيكم يحتمُّ بالتأريخ الياباني؟

2 يحتمّ به ذلك الأستاذ المُرَّاكُشي.

3 ماذا تفعلون بعد النُزْهة؟

4 سنجلس في المقهى التّي تقع بجانب الجامعة لكي نستريح قليلا.

5 كيف يقال هذا بالدارجة؟

6 إسمحْ لي لا أعلم، تمَهَّلْ سأسأله كيف يقال.

7 هل تحترمون رئيسكم؟

8 نعم، نحترمه كلّنا كثيرا.

9 هل لم تجِدُوا بعد منزلًا في ذلك المكان؟

10 لم نجدْ شيئا مع أنّنا بحثنا عليه طُول اليوم.

11 لا أتزوَّج بتلك الفتاة رغمَ أنّها غنيَّة.

12 في أيّ مدينة وُلِدْتَ؟

13 ولدتْ في طوكيو وبعد ذلك غادرتُها لأسكن في إسبانيا.

14 ماذا كنتَ تفعل في إسبانيا؟
15 كنتُ هناك منذ خمس سنوات وتخرَّجْتُ من كليَّة الأداب.
16 إذاً على ما يبدُو تُعجِبُك إسبانيا.

【文法】

1) 古典アラビア語第Ⅷ型の対応：

a) C₁əC₂C₂ 型および C₁āC₂ 型の動詞には，接中辞/-t-/を第一語根の後に挿入する

htəmm「~に関心がある」, ḥtāž「~が必要である」, rtāḥ「休憩する」

b) C₁C₂əC₃ 型の動詞には，接中辞/-tā-/を第一語根の後に挿入する

ḥtārəm「尊敬する」, ntāxəb「選ぶ」, xtāṛəʻ「発明する」, xtāṣəṛ「短縮する」

2) 古典アラビア語第Ⅹ型の対応：

a) C₁əC₂C₂ 型の動詞は接頭辞/st-/による

stġəll「~を利用する」, sthəqq「~に値する」

b) C₁C₂əC₃ 型の動詞は接頭辞/stə-/による

stəxbəṛ「調べる」, stəʻməl「使用する／使う」, stəġrəb「驚く」

3）古典アラビア語第Ⅸ型の対応：

xlāq「生まれる」のように $C_1C_2āC_3$ の型に属す動詞は，古典アラビア語第Ⅸ型に対応し，「色」などをはじめとして状態変化を示すものが多い

　　　ḥmāṛ「赤くなる」，ḍʻāf「やせる」，ṣlāḥ「適合する」，ṭwāḷ「長くなる」

なおこの型の動詞の過去形は若干不規則である

単数形		複数形	
huwwa	xlāq	hūma	xlāqu
	yəxlāq		yəxlāqu
hiyya	xlāqət		
	təxlāq		
nta	xlāqīti	ntūma	xlāqītīw
	təxlāq		təxlāqu
nti	xlāqīti		
	təxlāqi		
āna	xlāqīt	ḥna	xlāqīna
	nəxlāq		nəxlāqu

4）四語根動詞 ṣəqṣa「質問する」の活用：

（本文 6 に関連して）

単数形		複数形	
huwwa	ṣəqṣa	hūma	ṣəqṣāw
	yṣəqṣi		yṣəqṣīw
hiyya	ṣəqṣāt		
	tṣəqṣi		
nta/nti	ṣəqṣīti	ntūma	ṣəqṣītīw
	tṣəqṣi		tṣəqṣīw
āna	ṣəqṣīt	ḥna	ṣəqṣīna
	nṣəqṣi		nṣəqṣīw

5）過去分詞の形態：

現在分詞と形態が一致するもの（第15課【文法】参照）

 C₁āC₂əC₃ 型 ＞ mC₁āC₂əC₃ sāfəṛ ＞ msāfəṛ

 tC₁əC₂C₂əC₃ 型 ＞ mətC₁əC₂C₂əC₃ thərrəs ＞ məthərrəs

 tC₁āC₂əC₃ 型 ＞ mətC₁āC₂əC₃ tfāḥəm ＞ mətfāḥəm

 C₁tāC₂əC₃ 型 ＞ məC₁tāC₂əC₃ ḥtāṛəm ＞ məḥtāṛəm

 C₁tāC₂ 型 ＞ məC₁tāC₂ ḥtāž ＞ məḥtāž

 stəC₁C₂əC₃ 型 ＞ məstəC₁C₂əC₃ stəxbəṛ ＞ məstəxbəṛ

 stC₁əC₂C₂ 型 ＞ məstC₁əC₂C₂ sthəqq ＞ məsthəqq

〚文法ワンポイント〛

○ 本文6の ma-'ṛəft-š における原形の 'ṛəf「知る」は bġa「望む」

同様に動作の結果を示す動詞である。従って,過去形のままで現在の状態に言及することができる

　　(過去の時点で) 知った＞(現在) 知っている

○ ṣəqsa(yṣəqsi) に対し第15課でとりあげた ṣifəṭ は,第二語根に /-i-/ をもつ四語根動詞 |ṣifṭ| でいずれもベルベル語源と考えられる

○ f-ayy mdīna「どの町」は f-āš mən mdīna とも表現される

　　f-āš mən mdīna xlāqīti?「あなたはどこの町で生まれたのですか」

○ 'la ma ka-yəḍhər における 'la は根拠を示す前置詞「〜によれば」,また ma は関係代名詞「〜のところのもの」:

　　'la ma ka-yəḍhər ma-'əndu-š flūs

あるいは

　　ka-yəḍhər-li ma-'əndu-š flūs「彼はお金をもっていないようだ」

単語

htəmm(yəhtəmm) b/bə	〜に関心がある
tārīx	歴史
mərṛākši	マラーケシュ出身の(人)
rtāḥ(yərtāḥ)	休憩する
tgāl(yətgāl)/tqāl(yətqāl)	言われる
ṣəqsa(yṣəqsi)	質問する/調べる
ḥtārəm(yəḥtārəm)	尊敬する
ṛa'īs(ṛu'asa)	大統領
mūḍə'	地域/区域
n-nhāṛ kullu	一日中
f-ayy	どの
xlāq(yəxlāq)	生まれる
skən	住む
txərrəž	卒業する
kulliyya(-t)	学部
adəb	文学
ḍhər	現れる/(〜に)みえる

第31課 ḍ-ḍərṣ wāḥəd u-tlātīn
総復習 I

1 āš gulti lə-d-drāri mən bəʻd lə-ʻša?

2 gult lhum ma-təmšīw-š bla ma tkəmmlu l-xədma dyālkum dyāl məḍrasa

3 ʻāfək gūl-li, mnīn nəmši l-kulliyyət l-ḥuqūq? ḷḷāh yxəllīk

4 ṭləʻ mʻa dīk z-zənqa w-mən bəʻd lwi ʻla yəddək lə-yṣāṛ, u-ʻla yəddək lə-ymīn ġādi-təlqāha

5 dāba ʻṛəft, bāṛāk ḷḷāhu fīk

6 bla žmīl, ʻla ṛāṣi w-ʻəynīya, ḷḷāh yhənnīk a sīdi

7 mṛəḥba bīk, a lālla, āš ḥəbb l-xāṭəṛ?

8 ġīr bġīt nsuwwlək, fīn žāt lə-xzāna l-ʻamma?

9 həbṭi l-təḥt u-lwi ʻla yəddək lə-ymīn, təmma lə-xzāna, ḷḷāh ybāṛək fīk, a lālla

10 ḷḷāh ysəllmək, bə s-slāma

11 wāš yəmkən-lək tgūl-li kīf-āš nəqṛa d-dārīža?

12 ṣʻīb bāš təqṛāha ʻla ḥəqqāš n-nās ka-yətkəllmu bīha

wālāyənni ma-ka-ykətbūha-š

13 a 'la məṣība!

---

1 夕食を食べた後で，あなたは子供達に何を言ったのですか
2 学校の宿題を終えるまで外出しないように，彼らに言いました
3 すみません，法学部へはどのように行ったらよいのか教えてくださいませんか，お願いします
4 この道に沿って行き，左手の方向に曲がってください，そうすれば右手にあります
5 わかりました，ありがとうございます
6 どういたしまして，何でもおっしゃってください，さようなら旦那さん
7 ようこそ奥さん，何かお望みですか
8 ちょっとお聞きしたいことがあるのですが，図書館はどこですか
9 ここを下り右手のほうへ曲がってください，そこに図書館があります，どうぞお元気で，奥さん
10 ありがとう，ではまた，さようなら
11 アラビア語のモロッコ口語を，私はどうやって勉強したらよいのか教えてくれませんか
12 勉強するのは難しいですね，人々はモロッコ口語を話しますが，書かないからですよ
13 え…それは困ったことですね！

1 ماذا قُلتَ للأولاد بعد العشاء؟

2 قلتْ لهم لا تذهبوا قبل إنهاء أعمالكم المدرسيَّة.

3 أرجوك قلْ لي من أين أتَّجه إلى كليَّة الحقوق؟

4 سِرْ صَوْبَ ذلك الشارع وبعد ذلك اتَّجهْ على اليسار لتجدها على يَمينك.

5 ألآن فهمتُ شكرا جزيلا.

6 لا شكرَ على واجبٍ والله يُهنِّئُك يا سيِّدي.

7 مرحبا بكِ ياسيِّدتي ماذا تشتهين؟

8 أريد أن أسألك فقط، أين توجد المكتبة العموميَّة؟

9 إهبِطي وعلى يمينك ستجِدين هناك المكتبة، يا سيِّدتي.

10 شكرا جزيلا مع السلامة.

11 هل تستطيع أن تقول لي كيف أبتدأُ دراسة الدارجة؟

12 إنَّه صعبٌ دراستُها لأنَّ الناس يتكلَّمونها ولا يكتبونها.

13 يا لَلْمُصيبة!

〚文法ワンポイント〛
○ lḷāh yxəllīk の直訳は「神があなたを許す」
○ lwi は lwa の命令形
○ 'la ṛāṣi w-'əynīya は「喜んでお手伝いさせていただきます」の

意で頻繁に用いられる
○ žāt は ža の三人称単数女性形で，形態的には過去形であるが，意味的には現在に言及して「～がある，位置する」の意となる
○ 本文12の bāš はここでは名詞句を導入している：「～することは」
○ məṣība の従来の意味は「災害（不運）」

単語

ʿša	夕食	mṛəḥba bīk	ようこそ（いらっしゃいました）
bla ma	～することなしに		
kulliyyət l-ḥuqūq	法学部	suwwəl(ysuwwəl)	質問する/たずねる
ḷḷāh yxəllīk	お願いします		
ṭḷəʿ	上がる/登る	lə-xzāna l-ʿamma	図書館
lwa(yəlwi)	曲がる	hbəṭ	下る/降りる
ʿla yəddək lə-yṣāṛ	左側（に）	təḥt	下（に）
ʿla yəddək lə-ymīn	右側（に）	ṣʿīb	難しい
lqa(yəlqa)	遭遇する/出くわす	bāš	～することは
ʿla ṛāṣi w-ʿəynīya	誠心誠意で	a ʿla məṣība	困ったことだ

第32課　d-dərṣ tnīn u-tlātīn
総復習 II

1　āš dərti hād 'šīya?

2　ttəkkīt šwiyya w-mən bə'd mšīt l-ḥānūt bāš nšri
   ši-bākiyāt dyāl l-gāṛṛu

3　šḥāl mən l-gāṛṛu ka-təkmi fə-n-nhāṛ?

4　ka-nəkmi ši-'əšṛa dyāl gwāṛṛu

5　wāš fīk ma təmši m'aya bāš nšəṭḥu f-lə-blāṣa də-š-šṭīḥ?

6　la, ma-yəmkən-lī-š nəmši m'ak, 'la qībāl ma-bqa-lī ġīr
   'əšṛīn dərhəm, wāš yəmkən-lna nətšəṭṭṛu?

7　la, ma-yəmkən-lna-š. hād lə-blāṣa ma-fīha-š š-šṭāṛa

8　ma-txāf-š, āna ġādi-nxəḷḷəṣ 'līk, bə-l-ḥəqq xəṣṣək
   txəḷḷəṣ l-məṣṛūbāt

9　wāxxa, nta ṣāḥbi 'zīz 'līya, māši xṣāṛa fīk!

10　āš mən blāṣa ġādyīn nəmšīw?

11　xtāṛ nta, 'la ḥəqqāš nta ġādi txəḷḷəṣ kull-ši

12　āna ma-ka-nə'ṛəf-š məzyān hād lə-mdīna, wālāyənni
   smə't kāynīn tlāt də-l-blāyəṣ dyāl š-šṭīḥ lhīh, w-žūž

— 185 —

mənhum fə-z-zənqa lli qrība mən šəṭṭ lə-bḥəṛ, w-lə-xṛa f-wəṣṭ lə-mdīna

13 yaḷḷāh nqəṣṣru m'a ṛāṣna!

---

1 今日の夕方は何をしましたか
2 少し昼寝をしてその後，タバコを何箱か買いに店に行きました
3 あなたは一日に何箱タバコをすうのですか
4 十本くらいです
5 私といっしょにディスコに踊りに行く気はありませんか
6 いいえ，あなたといっしょに行くことはできません，たった20ディルハムしかお金が残っていないものですから，割り引き料金はないのでしょうか
7 それは無理です，あのディスコには割り引きはありません
8 心配しなくてももいいですよ，私があなたの分も払ってあげますから，でもあなたが飲み物のお金を払うのですよ
9 もちろんそうしますよ，あなたは私の親友ですから，とりあえずお金を渡しておきます，はいこれ
10 どのディスコに行きましょうか
11 あなたが選んでくださいよ，あなたが全部払うのですから
12 私この町はよく知らないんです，でも聞くところによると，町にはディスコが三軒あって，そのうち二つは海岸沿いの通り，もう一つは町の中心にあるそうです
13 さあ，ディスコに行ってひと晩じゅう踊りましょう（夜ふかし

しましょう)

---

1. ماذا فعلتَ مساء اليوم؟
2. نمتُ قليلا وبعد ذلك ذهبتُ إلى الدكان لكيْ أشتري عُلبًا من السجائر.
3. تُدخِّن كم من سجارةٍ في اليوم؟
4. أدخِّن حوالي عشرة سجائر تقريبا.
5. أ تريد أن تأتيَ معي لكيْ نرقص في قاعة الأفراح؟
6. لا، لا أستطيع أن أذهب معك لأنَّه لم يبقَ لي إلاَّ عشرون درهمًا. هل نستطيع أن نناقشَ الثمنَ؟
7. لا، لا نستطيع لأنَّ هذا المكان لا يقبل هذا.
8. لا تَخَفْ وأنا الذِّي سوف أدعوك ولكنْ عليك أن تدفع ثمن المشروبات.
9. أجلُ إنَّك صديق عزيز عليَّ وأنت تستحقُّ أكثر.
10. إلى أيّ قاعة سوف نذهب؟
11. إختَرْ أنت لأنَّك أنت الذِّي سوف يدفع الثمن.
12. أنا لا أعرف هذه المدينة جيِّدا ولكن يقال أنَّ هناك ثلاثة مراقص، إثنان منها توجدان قربَ الشاطئ والأُخْرَيات توجد وسط المدين.

13. هَلُمَّ لِنسهرِ معًا.

〖文法ワンポイント〗
○ ttəkka(yəttəkki)「昼寝をする」は,接頭辞/t-/なしの təkka (ytəkki) という形がある
○ gāṛṛu「タバコ」はスペイン語《cigarro》からの借用語
○ blāṣa「場所」はスペイン語《plaza》からの借用語
○ xtāṛ は C₁āC₂ 型動詞の第Ⅷ型で,ここでは命令形に使用
○ qəṣṣəṛ m'a ṛāṣna の直訳は「我々の頭で夜ふかしする」で,そこから転じた意味は「(いつまでも) ぶらつく」

単語

ttəkka(yəttəkki)	昼寝をする	tšəṭṭəṛ	値切る
gāṛṛu(gwāṛṛu/gwāṛṛūwāt)	タバコ	šṭāra	値引き
		məšṛūba(məšṛūbāt)	飲み物
kma(yəkmi)	タバコをすう	'zīz	親愛なる
šṭəḥ	踊る	xtāṛ	選ぶ
blāṣa(blāyəṣ)	場所	kull-ši	すべて(のもの)
šṭīḥ	踊り	šəṭṭ lə-bḥəṛ	海岸(線)
lə-blāṣa də-š-šṭīḥ	ディスコテック	qəṣṣəṛ m'a ṛāṣ	夜ふかしする

日本語索引

> 見出し語の頁は，原則的には単語の項に最初に登場するもの
> ‖ は見出し語の関連語句
> [ ] には見出し語句を使った用例
> ◆ で示した見出し語は本書にそのままの形では登場しないもの
> 《 》内は名詞の性数や品詞，語句の説明
> ( ) 内は名詞複数形や複数語尾，さらには規則動詞以外の動詞未完了形を示した

あ

青い zṛəq/zəṛqa		24
赤い ḥmər/ḥəmṛa		24
‖ 赤くなる ḥmāṛ		178
上がる ṭləʻ		184
朝 ṣbāḥ		16
明後日 bəʻd ġədda		113
明日 ġədda		113
あそこ lhīh		70
(~に)値する stḥəqq		177
与える ʻṭa(yəʻṭi)		77
頭 ṛāṣ(ṛyūṣ)		152
新しい ždīd(ždād)		25
暑い sxūn		◆
[より暑い sxən]		44
‖ 暑さ sxāna(sxāyən)		70
(~の)後で mən bəʻd-ma		125
あなた《男性》nta		17
‖ あなた《女性》nti		17
‖ あなたがた《共通》ntūma		17
あなたの dyālək		21
‖ あなたがたの dyālkum		21
兄 xā/xū(xūt)		39
[あなたの兄 xūk/xāk]		33
[わたしの兄 xūya/xāy]		33
[彼の兄 xūh]		59
姉 xət(xwatāt)		◆
[私の姉 xti]		33
[あなたの姉 xtək]		44
あのう《注意を喚起する間投詞》yāk		49

あの日 dāk n-nhāṛ	113	椅子 šəlya(-t)	13
アパート dwiṛa(-t)/baṛṭmən	148	いずれにせよ 'la kulli ḥāl	161
油 zīt(zyūt)	13	以前 mən qbər	64
甘い ḥlu	43	忙しい məšġūl	13
［より甘い ḥla］	44	急ぐ zrəb	96
雨 šta	131	‖ 急いで dəġya/bə-z-zərba	70/119
［雨が降る ṭṭīḥ š-šta］	131	‖ 急いでいる məzrūb	96
洗う ġsəl	59	(〜に)いた kān(ykūn)	64
アラビア語 'əṛbiyya	106	［cf. 〜である kān(ykūn)］	162
‖ アラビア語モロッコ口語 dāriža	113	イタリア語 ṭalyaniyya	168
現れる ḍhəṛ	180	一日に(つき) fə-n-nhāṛ	96
ありがとう(ございます) bārāka llāh fīk	26	‖ 一日中 n-nhāṛ kullu	180
ある《不定形容詞》ši	148	市場 sūq(swāq)	33
(〜が)ある kāyən/kāyna/kāynīn	49	一万 'əšṛ-ālāf	49
		いつ fūq-āš/wəqt-āš	59/70
い		(〜と)いっしょに m'a	33
		いつでも好きなときに fūq-āš ma bġīti	168
言う qāl(yqūl)/gāl(ygūl)	113/112	(〜で)いっぱいの 'āməṛ	25
‖ 言われる tqāl(yətqāl)	180	［cf. 満たす 'əmməṛ］	96
家 ḍāṛ(ḍyāṛ)/(ḍyūṛ)	45	いつも dīma	25
行く《動詞》mša(yəmši)	77	犬 kəlb(klāb)	26
《現在分詞》ġādi/ġādya/ġādyīn	131	衣服《複数》ḥwāyəž	33
‖ 行きなさい sīr	119	今 dāba	17
いくつ(の)《疑問詞》šḥāl	33	［((今)〜したばかり 'ād + 過去動詞］	89
いくつかの《不定形容詞》ši	39	妹 xət(xwatāt)	◆
いくらで bə-šḥāl	77	［私の妹 xti］	33
医者 ṭbīb(ṭubba)	125	［あなたの妹 xtək］	44

う

(〜の)上に	fūq/'al	82/89
(〜の)後ろに	mūṛa	33
歌う	ġənna(yġənni)	168
‖ 歌手	məġənni/məġənniyya	168
打つ	ḍṛəb	58
美しい	zwīn/zwīna	45
[最も美しい(女性)	lə-zwīna]	45
馬	'əwd(xīr)	77
生まれる	xlāq(yəxlāq)	180
売る	bā'(ybī')	70
嬉しい	fəṛḥān	17

え

絵	təṣwəṛa(tṣāwəṛ)	113
映画	film(əflām)	136
‖ 映画館	sinima(-t)	54
英語	nəglīza/nəgliziyya	106/168
エジプト人男性	məṣri	17
‖ エジプト人女性	məṣrīyya	17
選ぶ	xtāṛ(yəxtāṛ)/ntāxəb(yəntāxəb)	188/177
宴会	ḥəfla(-t)	131

お

終える	kəmməl(ykəmməl)	89
覆う	ġəṭṭa(yġəṭṭi)	81
大きい	kbīr(kbāṛ)	12
[より大きい	kbəṛ]	44
[最も大きい(年上)	lə-kbīr]	45
(〜より)多く	ktəṛ mən	50
お母さん	umm(ummhāt)/(ṃṃawāt)	21
[私の母	ṃṃi]	22/33
お金《複数》	flūs	39
起きる	nāḍ(ynūḍ)	70
置く	dāṛ(ydīr)	68/89
奥様	mṛa(-wāt)	9
[あなたの奥様	mṛātək]	82
送る	ṣifəṭ(yṣifəṭ)/ṣəṛṛəd(yṣəṛṛəd)	89/88
お元気で	təbqa 'la xīr	39
怒る	ġḍəb	168
‖ 怒っている	zə'fān	113
起こる	wqə'	148
伯父/叔父《父系》	'əmm('mām)	106
‖ 伯父/叔父《母系》	xāl(xwāl)	141
(勉強などを)教える	qəṛṛa(yqəṛṛi)	152
遅れて(いる)	m'əṭṭəl	64
‖ 遅れる	t'əṭṭəl	136
‖ 遅らせる	'əṭṭəl	136
恐れる	xāf(yxāf)	131
落ちる	ṭāḥ(yṭīḥ)	68
(女の)お手伝いさん	mət'əllma(-t)	89
弟	xā/xū(xūt)	39
[あなたの弟	xūk/xāk]	33
[わたしの弟	xūya/xāy]	33

日本語	訳語	頁
男	rāžəl(ržāl)	12
男の子	wəld(wlād)	13
おととい	wəl-l-bārəḥ	59
踊る	šṭəḥ	188
‖ 踊り	šṭīḥ	188
驚く	stəġrəb(yəstəġrəb)	177
‖ 驚くべき	ġrīb	148
お願いします	ḷḷāh yxəllīk	184
伯母/叔母《父系》	'əmma(-t)	141
‖ 伯母/叔母《母系》	xāla(-t)	141
溺れる	ġrəq	168
思う	ḍənn(yḍənn)	168
およそ	ši/żwāyəh	39/142
降りる	hbəṭ	184
女	mra('yālāt)	7/136
[cf. 奥様 mra]		9
女の子	bənt(bnāt)	13

か・が

回	mərṛa(-t)	105
絵画	təṣwəṛa(tṣāwəṛ)	113
海岸	bḥəṛ(bḥūṛ)/blāya(-t)	64
‖ 海岸線	šāṭṭ lə-bḥəṛ	188
会社	šərika(-t)	50
外出する	xrəž	64
解放する	fəkk(yfəkk)	172
‖ 解放される/自由になる	tfəkk	172
買う	šra(yəšri)	77
鍵	sārūt(swāṛət)	70
書く	ktəb	59
‖ 書かれた	məktūb	168
隠す	xəbba(yxəbba)	82
学部	kulliyya(-t)	180
カサブランカ《地名》	ḍ-ḍāṛ l-biḍa	64
歌手	məġənni/məġənniyya	168
[cf. 歌う ġənna]		
(~の)価値がある	swa(yəswa)	142
学校	mədṛasa(mdāṛəs)	26
かつて~したことがある	'əmməṛ＋接尾代名詞＋過去動詞	135
金持ち	tāžər(-īn)	162
彼女	hiyya	16
彼女の	dyālha	21
彼女たち	hūma	15
紙	wərqa(wṛāq)	77
神	ḷḷāhu/ḷḷāh	26
カメレオン	tāta(-t)	54
火曜日	nhāṛ t-tlāta	58
~から	mən/mnə	16
借りる	kra(yəkri)	173
‖ 貸される	ttəkra(yəttəkra)	173
彼	huwwa	15
彼の	dyālu	21
彼ら	hūma	15
彼らの	dyālhum	21
川	wād(widān)	77
考える	ḍənn(yḍənn)	168
感情	xāṭər(xwāṭər)	168
(~に)関心がある	htəmm(yəhtəmm) b/bə	180

関心事	šġəl(šġāl)/(šġālāt)	168
[あなた自身の関心事	sūq rāṣək]	168

き・ぎ

機械	mākina(-t)	64
期間	mudda(-t)	156
聞く	smə‘	142
効く	nfə‘	162
汚い	mwəssəx	13
切手	tənbər(tnābər)	126
気に入っている	‘žəb(yə‘žəb)	148
昨日	l-bārəḥ	44
9	təs‘ūd	31
‖ 90	təs‘īn	43
‖ 900	tsə‘-mya	49
休憩する	rṭāḥ(yərṭāḥ)	180
今日	l-yūm	17
教室	qəṣm(qṣām)	148
教授	ustād(asātida)	173
兄弟《複数》	xūt	39
去年	‘ām l-ūwwəl	64
着る	lbəs	59
キロ《単位》	kīlu(-wāt)	142
金	dhəb(dhūba)/(dhūbāt)	89
銀行	bənka(-t)	96
金曜日	nhār ž-žəm‘a	59

く・ぐ

区域	mūḍə‘(mwāḍə‘)	180
空港	məṭār(-āt)	50
空腹	žū‘	70
‖ 空腹な	žə‘ān	70
薬	dwa(dwayāt)	96
ください	ara/aray/araw	152
下る	hbəṭ	184
靴	ṣəbbāṭ(ṣbābəṭ)	59
暗くなる	dḷam(yədḷam)	131
暮らす	‘āš(y‘īš)	70
繰り返す	‘āwəd(y‘āwəd)	
	/‘əwwəd(y‘əwwəd)	102/161
来る	ža(yži)	74/103
‖ 来ている《現在分詞》	žāy	77
‖ 来なさい	aži/ažīw	118
黒い	kḥəl/kəḥla	24
軍人	‘əṣkri(‘ṣākər)/(‘əṣkər)	148

け・げ

警察官	būlīsi(bwāləs)	148
けがをさせる	ḍəṛṛ(yḍəṛṛ)	148
‖ けがをする	ḍḍəṛṛ(yəḍḍəṛṛ)	148
(火などを)消す	ṭfa(yəṭfi)	113
(〜と)結婚する		
	džuwwəž(yədžuwwəž) b/bə	162
‖ 結婚させる	žuwwəž(yžuwwəž)	161
‖ 結婚している	mžuwwəž	54
‖ 結婚式	‘ərs(‘rāsāt)	152
月曜日	nhār t-tnayn	58

こ・ご

5	xəmsa	31
‖ 50	xəmsīn	45
‖ 500	xəms-əmya	50
‖ 5分	qṣəm	33

(お会いできて)光栄です
mətšərrfīn　38
工場　uzīn(-āt)/fabrīka(-t)　96
高等学校　tānawiyya(-t)　77
コーヒー(店)　qəhwa(-t)　44
ここ　hna　50
午後　'šīya/msə　33
[cf. 夕方　'šīya]　59
心地よい/よく　mrīyyəḥ　70
試みる　ḥāwəl(yḥāwəl)　102
胡椒　ibẓāṛ　105
答える　žāwəb(yžāwəb)　102
コック　kuzzīni(-īn)　82
コップ　kās(kīsān)　25
子供　dərri/'āyəl　25/131
‖ 子供たち　drāri/'yāl　25/131
この/これらの　hād　22
このように　hākda/hākka　131/168
困ったことだ　a 'la məṣība　184
ごめんなさい　sāməḥ-li　152
ごもっともです　'əndək ḥəqq　136
これ《男性》　hāda　22
‖ これ《女性》　hādi　22
‖ これら《共通》　hādu　22
殺す　qtəl　58
ころぶ　ṭāḥ(yṭīḥ)　68
こわす　hərrəs(yhərrəs)　142
‖ こわれる　thərrəs(yəthərrəs)　142
こわれた　mhərrəs　12

さ・ざ

災害　məṣība(mṣāyəb)　184
探す　qəlləb 'la/ḍuwwəṛ 'la　148/161
砂糖　səkkəṛ　59
寒さ　bərd　70
さようなら　bə-s-slāma　39
/《返答》　ḷḷāh yhənnīk　39
皿　ṭəbṣīl(ṭbāṣəl)　44
3　tlāta　31
[3歳　təlt snīn]　45
‖ 30　tlātīn　45
‖ 300　təlt-əmya　49
‖ 3000　təlt-ālāf　49
‖ 30分　nəṣṣ　33
散歩させる　sāra(ysāra)　140
‖ 散歩する　tsāra(yətsāra)　142

し・じ

塩　məlḥa/mləḥ/məlḥ(-īn)　105
しかし　bə-l-ḥəqq/lākən/wālāyənni　25/54/64
時間　sā'a(swāyə')　33/148
‖ 時間どおりに　fə-l-wəqt　89
試験　imtiḥān(-āt)　161

事故 ksīda(ksāyəd)	148
仕事 xədma(-t)	50
‖ 仕事する xdəm	96
[cf. 労働者 xəddām(-a)]	77
～自身で b-r̩āṣ	152
[君自身で b-r̩āṣək]	152
下に təḥt	184
(～に)失敗する xṣər f/fə	161
質問する ṣəqsa(yṣəqsi)	
/suwwəl(ysuwwəl)	180/184
自転車 bəšklīta(-t)	45
自動車 ṭumubil(-āt)	33
死ぬ māt(ymūt)	68
紙幣 wər̩qa(wr̩āq)	126
[cf. 紙 wər̩qa]	77
閉める sədd(ysədd)	82
‖ 閉まった《過去分詞》 məsdūd	
	12
地面 l̩ər̩ḍ(ar̩āḍi)	119
釈放する ṭl̩əq	173
車庫 gār̩āž(-āt)	33
写真 təṣwir̩a(tṣāwər̩)	50
‖ 写真を撮る ṣuwwər̩	
(yṣuwwər̩)	87
週 ṣəmāna(-t)	106
10 ʻəšr̩a	31
‖ 11 ḥḍāš	31
‖ 12 ṭnāš	31
‖ 13 təlṭāš(əl)	36
‖ 14 r̩bəʻṭāš(əl)	36
‖ 15 xməsṭāš(əl)	36

‖ 16 səṭṭāš(əl)	36
‖ 17 sbəʻṭāš(əl)	36
‖ 18 tmənṭāš(əl)	36
‖ 19 tsəʻṭāš(əl)	36
‖ 10分 qəṣmīn	33
‖ 15分 r̩bəʻ	33
自由 ḥur̩r̩(-īn)/(ḥr̩ār̩)	162
住所 adrīsa(-t)	77
ジュータン zər̩biyya(zr̩ābi)	25
修理する ṣuwwəb(yṣuwwəb)	173
‖ 直る tṣuwwəb(yətṣuwwəb)	
	173
祝福 bār̩āk	26
‖ 祝福する bār̩ək(ybār̩ək)	102
[ありがとうございます	
bār̩āk l̩l̩āh fīk]	26
主人 sīd(syād)/(sādāt)	33
紹介する qəddəm(yqəddəm)	131
少女 bənt(bnāt)	13
生じる wqəʻ	148
使用する stəʻməl(yəstəʻməl)	177
招待する ʻr̩əḍ	148
少年 wəld(wlād)	13
食料品店主 bəqqāl(bəqqāla)	82
調べる stəxbər̩(yəstəxbər̩)	
/ṣəqsa(yṣəqsi)	177/180
知る/知っている ʻr̩əf	96
白い byəḍ/biḍa	25
親愛なる ʻzīz	188
紳士 siyyəd(sādāt)	148
心配しなさんな ma-txāf-š	131

す・ず

水曜日	nhāṛ l-aṛbəʻ	58
スープ	ḥrīra(ḥrāyər)	105
(〜が)好き	ʻžəb(yəʻžəb)	148
過ぎる	dāz(ydūz)	142
少し(の)	šwiyya(d/də)	17/39
‖ほんの少し	ġīr šwiyya	70
頭痛	ḥrīq/ḥrīq ṛ-ṛāṣ	162
[cf. 燃える	ḥṛəq]	160
捨てる	siyyəb(ysiyyəb)	89
スピーチ	xuṭba(-t)	131
スペイン	ṣbānya	136
すべて	kāmlīn/kull	64/25
[すべての	kull]	25
[すべてのもの	kull-ši]	188
ズボン	sərwāl(srāwəl)	44
すみません《呼びかけ》	ʻəfāk	38
すみません(私を許してください)		
	sāməḥ-li/sməḥ-li	152/161
[気になさらないで下さい(神は許します)《返答》	ḷḷāh ysāməḥ]	
		152
住む	skən	180
する	dār(ydīr)	68
‖している	dāyər	38
‖しなさい	dīr	119
‖〜させる	xəlla(yxəlli)	119
‖〜しよう	yaḷḷa	156
〜すること(は)	bāš	184
〜するもの《関係代名詞》	lli	147
座る	gləs	59

せ・ぜ

生活する	ʻāš(yʻīš)	70
清潔な	nqi	13
[より清潔な	nqa]	44
誠心誠意で	ʻla ṛāṣi w-ʻəynīya	184
石鹸	ṣabūn/ṣabūna(-t)	112
‖洗濯する	ṣəbbən(yṣəbbən)	
		113
狭い	ḍiyyəq	43
[より狭い	ḍyəq]	43
世話をする	thəḷḷa(yəthəḷḷa) f/fə	
		148
1000	āləf	49
先月	š-šhəṛ lli dāz	142

そ・ぞ

騒音	ṣdəʻ(-āt)	77
遭遇する	lqa(yəlqa)	184
操作する	xəddəm(yxəddəm)	131
[cf. 仕事する	xdəm]	96
そこ	təmma	50
そして《接続詞》	u/w	13
卒業する	txərrəž(yətxərrəž)	180
外(へ)	bəṛṛa	119
その《男性》	dāk	22
‖その《女性》	dīk	22
‖それらの《共通》	dūk	22
そのうえ	zyāda ʻla dāk š-ši	125
その通りです	ʻəndak ḥəqq	136
そのように	hākda/hākka	131/168

祖父 žədd(ždūd)	64
それ《男性》 hādāk	22
‖ それ《女性》 hādīk	22
‖ それら《共通》 hādūk	22
それでは īwa	105
それとも wəlla	59
［それともまだですか wəlla bāqi/wəlla ma-zāl]	136
尊敬する ḥtāṛəm(yəḥtāṛəm)	180
損失 xṣāṛa(-t)/(xṣāyəṛ)	168

た・だ

大学 žāmi'a(-t)	77
大工 nəžžāṛ(nəžžāṛa)	113
［cf. 滑らかにする nžəṛ]	76
大使館 sifāṛa(-t)	131
怠惰な 'əgzān/mə'gāz	13/156
大統領 ṛa'īs(ṛu'asa)	180
台所 kūzīna(-t)/kəššīna(-t)	50
たいへん《副詞》 bəzzāf	17
(背が)高い ṭwīl(ṭwāl)	25
［より背が高い ṭwəl]	44
たくさん(の) bəzzāf(d/də)	39
～だけ《比較の程度》 b/bə	45
［3歳だけ b-təlt snīn]	41
(単に)～だけ ġīr	54/173
～だけれども《接続詞》 wāxxa	126
助ける 'āwən(y'āwən)	105
多少の ši	39
たずねる suwwəl 'la(ysuwwəl)/ suwwəl(ysuwwəl)	161/184

タバコ gāṛṛu(-wāt)/(gwāṛṛu)	188
‖ タバコをすう kma(yəkmi)	188
たぶん wāqila	168
食べる kla(yākul)	77
‖ 食べ物 məkla(-t)	89
‖ 食べなさい kul/kūli/kūlu	119
球 kūṛa(-t)	119
卵 bīḍ/bīḍa(-t)	106
だます ġəšš(yġəšš)	81
タマネギ bəṣla(bṣəl)	142
(～の)ために bāš	113
誰 škūn	59
［誰と m'a mən]	64
［誰に lə-mmən]	82
［誰のもの dyāl mən]	63
誰か ši-wāḥəd/ši-nās	50
誰も(～でない) ma......ḥətta wāḥəd	50
タンジェール《地名》 ṭanža	136
短縮する xtāṣəṛ(yəxtāṣəṛ)	177

ち

地域 mūḍə'(mwāḍə')	180
小さい ṣġīr(ṣġāṛ)	25
［より小さい ṣġəṛ]	44
近い qṛīb(qṛāb)	50
地上階 səfli	142
父 bba(-wāt)	45
［私の父 bba]	45
［あなたがたのお父さん

ḅḅākum]	77		188
[我々の父 ḅḅāna]	77	ディルハム《モロッコの貨幣単位》	
茶 atay	54	dərhəm(drāhəm)	50
昼食 ġda(-wāt)	96	テーブル ṭəbḷa(ṭbāḷi)/(ṭwābəl)	13
中心 wəṣṭ	148	出かける xrəž	64
朝食をとる fṭər	70	手紙 bṛa(-wāt)	25
町村 blād(-āt)	54	適合する ṣḷāḫ(yəṣḷāḫ)	178
賃借りする kra(yəkri)	77	〜できる qdər	142
[cf. 借りる kra]	173	出くわす lqa(yəlqa)	184
		哲学 fəlsāfa	148

つ・づ

手伝う 'āwən(y'āwən) 105
〜でも〜でもない la......wəlla...... 156
通過する dāz(ydūz)	142
使う stə'məl(yəstə'məl)	177
捕まえる sədd(ysədd)	
/ṣəbbəṛ(yṣəbbəṛ)	89/88
疲れている 'əyyān(-īn)	17
注ぐ(水などを) kəbb(ykəbb)	81
作る ṣna'	64
包む kəff(ykəff)	81
[cf. 包装する ġəlləf]	106
‖ 包み/小包み bākiya(-t)	106
翼 žnəḥ(žənḥīn)/(žnāwəḥ)	161
連れて行く dda(yəddi)	106

手渡す mədd(ymədd) 82
天気/天候 ḥāl(ḥwāl) 17/131
電気 ḍəw(ḍwāw) 113
電車 mašīna(-t) 64
電話 tilifūn(-āt) 64
[電話で fə-t-tilifūn] 64

と・ど

て・で

手 yədd(-īn)	124
[私の両手 yəddīya]	125
〜である kān(ykūn)	162
〜であるが《接続詞》 wāxxa	126
ディスコテック lə-bḷāṣa də-š-šṭīḥ	

度 mərra(-t)	105
ドアー bāb(bībān)	12
どういたしまして bla žmīl	26
到着する wṣəl	64
(〜の)時 mnīn	77
独身(の) 'əzri('zāra)	54
時計 māgāna(mwāgan)	12
どこ fīn	33
[どこから mnīn]	77
床屋 ḥəžžām(ḥəžžāma)	82

日本語	訳語	ページ
年	'ām(a'wām)	39
[最も年上	lə-kbīr]	45
都市	mdīna(-t)/(mudun)	26
図書館	məktaba(-t)/lə-xzāna l-'amma	77/184
閉じる	sədd(ysədd)	82
‖ 閉じた《過去分詞》	məsdūd	12
(〜に)とって	'la/l/lə	23
どの	f-ayy	180
どのように	kīf/kīf-āš	38/82
飛ぶ	ṭāṛ(yṭīṛ)	161
土曜日	nhāṛ s-səbt	58
トラック	kāmīyu(kāmīyuyāt)/(kāmīyuwāt)	44
鳥	ṭīṛ(ṭyūṛ)	161
取り押さえる	qbəḍ	89
取り除く	ḥəyyəd(yḥəyyəd)	87
取る	xda(yāxud)	75
泥棒	šəffāṛ(šəffāṛa)	89

な

直す	ṣuwwəb(yṣuwwəb)	173
‖ 直る	tṣuwwəb(yətṣuwwəb)	173
長い	ṭwīl(ṭwāl)	25
[より長い	ṭwəl]	44
‖ 長くなる	ṭwāl(yəṭwāl)	178
(〜の)中に	f/fə	32
殴る	ḍṛəb	58
投げる	siyyəb(ysiyyəb)	
/ṛma(yəṛmi)		89/89
〜なしに	bla	59
[(〜すること)なしに	bla ma]	184
[私なしで	bla-bīya]	161
なぜ	'lāš	64
なぜならば	'la qibāl/'la ḥəqqāš	17
7	səb'a	31
‖ 70	səb'īn	43
‖ 700	sbə'-mya	49
何	āš	38
何も《否定》	wālu	39
〜なので	ḥīt	45
名前	smiya(-t)	38
[あなたの名前	smiytək]	38
[私の名前	smiyti]	38
何時ですか	šḥāl hādi fə-s-sā'a	30
何時に	f-āš mən sā'a/sā't-āš	82/152

に

2	žūž	31
‖ 20	'əšrīn	43
‖ 200	myatayn	50
‖ 2000	ālfayn	49
‖ 20分	tūlūt	33
匂いを嗅ぐ	šəmm(yšəmm)	81
肉屋	gəzzāṛ(gəzzāṛa)	76
[cf. 切る	gəzzəṛ]	76
日曜日	nhāṛ l-ḥədd	58

日本語	訳	頁
日用品《複数》	ḥwāyəž	82
日本	žappon	16
‖日本語	žapponiyya	142

ね

値切る	tšəṭṭəṛ(yətšəṭṭəṛ)	188
‖値引き	šṭāra	188
値段	tāmān(-āt)	119
熱	sxāna(sxāyən)	70/136
[cf. 暑さ sxāna]		70
眠る	nʻəs	70
‖眠っている《現在分詞》	nāʻəs	156
‖眠気	nʻās	70
年令	ʻəmṛ	38

の

ノート	kunnāš(knānəš)	96
逃れる	tfəkk mən(yətfəkk)	173
残しておく	xəlla(yxəlli)	82
望む	bġa(yəbġi)/ḥəbb(yḥəbb)	113/168
後に	mən bəʻd	70
ノックする	dəqq(ydəqq)	82
喉の渇き	ʻṭəš	70
登る	ṭləʻ	184
飲む	šṛəb	59
‖飲み物	məšṛūba(-t)	188

は・ば・ぱ

パーティー	ḥəfla(-t)	131
はいどうぞ	hāk/hāki/hāku	152
入る	dxəl	142
博士	duktūṛ(dakātiṛa)	148
博物館	mətḥəf(mtāḥəf)	106
箱	ṣəndūq(ṣnādəq)	64
運ぶ	rfəd	96
始める	bda(yəbda)	131
場所	blāṣa(-t)/(blāyəṣ)	188
走る	žra(yžri)	142
バス	ṭubis(-āt)/kar(-āt)/(kīrān)	9/7
8	tmənya	31
‖80	tmānīn	43
‖800	təmn-əmya	49
発見する	žbəṛ	89
発明する	xtāṛəʻ(yəxtāṛəʻ)	177
話す	hḍəṛ/tkəlləm(yətkəlləm)	64/142
母	umm(ummhāt)/(m̩mawāt)	21
[私の母 m̩mi]		33
早く	bəkri	70
払う	xəḷḷəṣ(yxəḷḷəṣ)	89
パン	xubz(-āt)	13
半分	nəṣṣ(nṣāṣ)	33

ひ・び

光	ḍəw(ḍwāw)	113
(背が)低い	qṣīṛ(qṣāṛ)	25

— 200 —

[より背が低い qṣəṛ]	44
飛行機 ṭiyāṛa(-t)	64
非常に bəzzāf	17
左側(に) 'la yəddək lə-yṣāṛ	184
ひっくり返った məqlūb	168
(〜が)必要 məḥtāž	168
人々 nās	25
100 mya	50
病院 ṣbiṭāṛ(-āt)	50
病気の mṛīḍ(mṛāḍ)	25
開く ḥəll(yḥəll)	82
‖ 開かれた məḥlūl	12
昼寝をする təkka(ytəkki)/ ttəkka(yəttəkki)	188
広い wāsə'(-īn)	42
[より広い wsa']	42
疲労困憊している məhlūk	89
ビン qəṛ'a(qṛā'i)	82

ふ・ぶ

フェズ《地名》 fās	24
袋 xənša(xnāši)	13
婦人 lālla('yālāt)	16/136
フラン《モロッコの貨幣単位》 frənk(-āt)	126
フランス語 fṛanṣawiyya	106
古い bāli(balyīn)	25
文学 adəb(ādāb)	180

へ・べ・ぺ

ペット nāmusiyya(-t)	33
部屋 bīt(byūt)	12
勉強する qṛa(yəqṛa)	77
‖ 勉強 qṛāya	152
弁護士 būgāḍu(būgāḍūwāt) (būgāḍūyāt)/mḥāmi(mḥāmiyīn)	142/141
ヘンナ《装飾塗料》 ḥənna(ḥnāni) > ḥənnət	161

ほ・ぼ・ぽ

法学部 kulliyyət l-ḥuqūq	184
包装する ġəlləf(yġəlləf)	106
訪問する zāṛ(yzūṛ)	70
ボール kūṛa(-t)	119
ボールペン stīlu(-wāt)	50
ほかの《男性》 āxūṛ	44
‖ ほかの《女性》 xra	44
‖ ほかの《複数》 xrīn	◆
ポケット žīb(žyūb)	54
(〜が)ほしい bġa(yəbġi)	113
ポット bərrād(brārəd)	54
ホテル utīl(-āt)	131
本 ktāb(ktub)	7
ほんの少し ġīr šwiyya	70
翻訳する təṛžəm(ytəṛžəm)	105

ま

毎日 kull nhāṛ		96
(何分)前 qəll		33
(～の)前に《場所》qəddām		33
(～の)前に《時間》qbəl-ma		125
［かなり前に šḥāl hādi］		161
［少し前に hādi wāḥəd šwiyya］		152
曲がる lwa(yəlwi)		184
(～も)また ḥətta		25
まだ～したことがない 'əmməṛ + 接尾代名詞 + ma + 過去動詞		135
まだ～していない bāqi + ma + 過去動詞/ma-zāl + ma + 過去動詞		135
町 mdīna(-t)/(mudun)		26
待つ 'āyən(y'āyən)/tsənna (yətsənna)		102/156
‖(ちょっと)待ってください bəllāti		156
～まで l/lə		24
窓 šəržəm(šṛāžəm)		12
招く 'ṛəḍ		148
‖招かれている mə'ṛūḍ		152
(～の)ままにする xəlla(yxəlli)		82
マラーケシュ《地名》məṛṛākəš		24
‖マラーケシュ出身の(人) məṛṛākši(məṛṛākšiyīn)		180

み

(～に)みえる ḍhəṛ		180
右側に 'la yəddək lə-ymīn		184
短い qṣīṛ(qṣāṛ)		25
［より短い qṣəṛ］		44
水 ma(myāh)		96
店 ḥənūt(ḥwānət)		45
見せる wərra(ywərri)		82
満たす 'əmməṛ(y'əmməṛ)		96
［cf. (～で)いっぱいの 'āməṛ］		25
道 zənqa(-t)/(znāqi)		89
みつける žbəṛ		89
港 mərṣa(-t)/(mṛāṣi)		131
見る šāf(yšūf)		70
ミルク ḥlīb		59
［ミルク入りの b-lə-ḥlīb］		59

む

難しい ṣ'īb(ṣ'āb)/(ṣ'ībīn)		184

め

目覚める fāq(yfīq)		70
(どうぞ)召し上がってください b-ṣəḥḥtək		119
［いただきます《返答》 ḷḷāh yə'ṭīk ṣ-ṣəḥḥa］		119

も

もう一度	xəṭṛa xṛa	161
もう既に〜した	過去動詞+ mən qbəl	135
モーター	mūṭūṛ(-āt)	131
木曜日	nhāṛ lə-xmīs	58
もし	in/ila/lu-kān	113/161
[もし神が思し召すなら	in šā' ḷḷāh]	113
もちろん	məʻlūm	64
持って行く	dda(yəddi)	77
持っている	ʻənd	37
[私は持っている	ʻəndi]	38
[あなたは持っている	ʻəndək]	39
持ってくる	žāb(yžīb)	70
もてなす	ḍāyəf(yḍāyəf)	102
求める	ṭləb	58
戻る	ržəʻ	64
‖ 戻す/返す	ṛəžžəʻ(yṛəžžəʻ)	89
モロッコ	məġrib	70
‖ モロッコ人男性	məġribi	17
‖ モロッコ人女性	məġribīyya	17
‖ モロッコアラビア語	dārīža	113

や

休む	ṛtāḥ(yəṛtāḥ)	180
やせる	ḍʻāf(yəḍʻāf)	178

ゆ

夕方	ʻšīya(-t)	59
夕食	ʻša(-wāt)	184
友人	ṣāḥb(ṣḥāb)	54
郵便局	busṭa(-t)	89
床	ḷəṛḍ(aṛāḍi)	119

よ

良い	xīr	16
‖ 良い/良く	məzyān	12
[より良い	ḥsən]	44
用意する	wəžžəd(ywəžžəd)	136
‖ 用意できている	wžəd	136
ようこそ(いらっしゃいました)	mṛəḥba bīk	184
(〜の)ような	bḥāl	45
ように	kīf-āš ma	167
[あなたの好きなように	kīf-āš ma bġīti]	167
洋服ダンス	mārīyu(mārīyuyāt) /(mārīyuwāt)	33
夜ふかしする	qəṣṣəṛ mʻa ṛāṣ	188
読む	qra(yəqra)	76
〜より	mən	42
[あなたより	mənnək]	44
[私より	mənni]	44
[彼より	mənnu]	44
夜	līl(lyāli)/līla(-t)	59
4	ṛəbʻa	31
‖ 40	ṛəbʻīn	39

‖ 400　ṛbəʻ-mya　49

ら

来月　š-šhəṛ ž-žāy　119
ラジオ　ṛādīyu(-wāt)　142
ラバト《地名》ṛbāṭ　64

り

理解する　fhəm　173
‖互いに理解しあう　tfāhəm (yətfāhəm)　173
リヤール《モロッコの貨幣単位》ryāl(-āt)　126
了解しました　wāxxa《副詞》　126
両替する　ṣəṛṛəf(yṣəṛṛəf)　126
両親　wəldīn　125
［あなたがたの両親　wəldīkum］　131
利用する　stġəll(yəstġəll)　177
料理する　ṭəyyəb(yṭəyyəb)　131
旅行する　ṣāfəṛ(yṣāfəṛ)　102

れ

冷蔵庫　təllāža(-t)　96
歴史　tāṛīx(twāṛəx)　180

ろ

労働者　xəddām(xəddāma)　77
［cf. 仕事する　xdəm］　96
6　sətta　31
‖ 60　səttīn　43
‖ 600　sətt-əmya　49

わ

(〜の)脇に　ḥda　33
忘れる　nsa(yənsa)　77
私　āna　17
我々　ḥna　15
我々の　dyālna　21

著者紹介

石原 忠佳 [いしはら・ただよし]
　　　　創価大学助教授（ベルベル語・アラビア語方言学）

目録進呈 落丁本・乱丁本はお取替えいたします。

平成 12 年 11 月 20 日　　©第 1 版発行

著者	石　原　忠　佳
発行者	佐　藤　政　人

発行所

株式会社 **大 学 書 林**

東京都文京区小石川 4 丁目 7 番 4 号
振替口座　　00120-8-43740
電話　（03）3812-6281〜3 番
郵便番号 112-0002

モロッコ・アラビア語

ISBN4-475-01846-3　　　ロガータ・横山印刷・牧製本

大学書林 語学参考書

内記良一 著	日本語アラビヤ語辞典	A5判 636頁
内記良一 著	基礎アラビヤ語	B6判 352頁
黒柳恒男・飯森嘉助 著	現代アラビア語入門	A5判 296頁
内記良一 著	くわしいアラビヤ語	B6判 320頁
矢島文夫 編	アラビア語基礎1500語	新書判 142頁
内記良一 編	アラビヤ語常用6000語	B小型 424頁
内記良一 編	アラビヤ語会話練習帳	新書判 232頁
田中四郎 著	実用アラビア語会話	新書判 250頁
内記良一 編	アラビヤ語小辞典	新書判 448頁
内記良一 著	やさしいアラビヤ語読本	B6判 224頁
奴田原睦明 訳注	現代アラブ文学選	B6判 242頁
栗谷川福子 著	ヘブライ語の基礎	A5判 480頁
中島 久 著	スワヒリ語文法	A5判 368頁
五島忠久 著	スワヒリ語文法入門	B6判 126頁
守野庸雄・中島 久 編	スワヒリ語基礎1500語	新書判 160頁
守野庸雄・中島 久 編	スワヒリ語常用6000語	B小型 392頁
守野庸雄 編	スワヒリ語会話練習帳	新書判 216頁
松下周二 著	ハウサ語小辞典	新書判 552頁
松下周二 編	ハウサ語基礎1500語	新書判 112頁
松下周二 編	ハウサ語会話練習帳	新書判 144頁
松下周二 訳注	ハウサ民話選	B6判 176頁
五島忠久 著	アフリカ語の話	B6判 136頁

——— 目録進呈 ———

大学書林
語学参考書

黒柳恒男 著	ペルシア語辞典	A5判 1104頁
黒柳恒男 著	現代ペルシア語辞典	A5判 852頁
黒柳恒男 著	日本語ペルシア語辞典	A5判 632頁
黒柳恒男 著	ペルシア語四週間	B6判 616頁
岡﨑正孝 著	基礎ペルシア語	B6判 224頁
蒲生禮一 著	ペルシア語文法入門	B6判 240頁
黒柳恒男 著	ペルシア語の話	B6判 192頁
岡﨑正孝 編	ペルシア語基礎1500語	新書判 124頁
岡﨑正孝 編	ペルシア語常用6000語	B小型 352頁
岡田恵美子・L.パールシーネジャード 著	コンパクト・ペルシア語会話	B6判 136頁
黒柳恒男 編	ペルシア語会話練習帳	新書判 208頁
藤元優子・H.ラジャブザーデ 著	ペルシア語手紙の書き方	B6判 296頁
岡﨑正孝 著	やさしいペルシア語読本	B6判 206頁
岡田恵美子 編	ペルシアの民話	B6判 160頁
勝藤 猛・H.ラジャブザーデ 著	ペルシア語ことわざ用法辞典	B6判 392頁
縄田鉄男 著	パシュトー語文法入門	B6判 336頁
縄田鉄男 編	パシュトー語基礎1500語	新書判 200頁
縄田鉄男 著	ダリー語文法入門	B6判 688頁
縄田鉄男 編	ダリー語基礎1500語	新書判 208頁
縄田鉄男 編	バローチー語基礎1500語	新書判 176頁
縄田鉄男 編	クルド語基礎語彙集	新書判 368頁
縄田鉄男 編	タジク語基礎語彙集	新書判 320頁

―― 目録進呈 ――

大学書林
語学参考書

小泉 保 著	音声学入門	A5判 248頁
小泉 保 著	言語学とコミュニケーション	A5判 228頁
下宮忠雄 編著	世界の言語と国のハンドブック	新書判 280頁
大城光正／吉田和彦 著	印欧アナトリア諸語概説	A5判 392頁
中井和夫 著	ウクライナ語入門	A5判 224頁
三谷惠子 著	クロアチア語ハンドブック	A5判 278頁
直野 敦 著	アルバニア語入門	A5判 254頁
児玉仁士 著	フリジア語文法	A5判 306頁
上田和夫 著	イディッシュ語文法入門	A5判 272頁
栗谷川福子 著	ヘブライ語の基礎	A5判 478頁
福田千津子 著	現代ギリシャ語入門	A5判 226頁
チャンタソン／吉田英人 著	ラオス語入門	A5判 302頁
坂本恭章 著	カンボジア語入門	B6判 574頁
石川達夫 著	チェコ語初級	A5判 398頁
冨田健次 著	ベトナム語の基礎知識	B6判 382頁
塩谷 亨 著	ハワイ語文法の基礎	A5判 190頁
田澤 耕 著	カタルーニャ語文法入門	A5判 234頁
浅香武和 著	現代ガリシア語文法	B6判 224頁
岡田令子／菅原邦城／間瀬英夫 著	現代デンマーク語入門	A5判 262頁
森 信嘉 著	ノルウェー語文法入門	B6判 210頁
山下泰文 著	スウェーデン語文法	A5判 358頁
森田貞雄 著	アイスランド語文法	A5判 304頁

——— 目録進呈 ———